D1858084

rowohlts monographien
begründet von Kurt Kusenberg
herausgegeben
von Klaus Schröter

Peter der Große

mit Selbstzeugnissen
und Bilddokumenten
dargestellt von
Reinhold Neumann-Hoditz

rororo bildmonographien

Rowohlt

Dieser Band wurde eigens für «rowohlts monographien» geschrieben
Den Anhang besorgte der Autor
Herausgeber: Kurt und Beate Kusenberg
Assistenz: Erika Ahlers
Schlußredaktion: K. A. Eberle
Umschlagentwurf: Werner Rebhuhn
Vorderseite: Gemälde von Sir Godfrey Kneller, 1698
Rückseite: Den Bojaren werden die Bärte gestutzt.
Holzschnitt, volkstümliche Darstellung (Beide Vorlagen aus:
Robert K. Massie, Peter the Great, New York 1980)

Veröffentlicht im Rowohlt Taschenbuch Verlag GmbH,
Reinbek bei Hamburg, April 1983
Copyright © 1983 by Rowohlt Taschenbuch Verlag GmbH,
Reinbek bei Hamburg
Alle Rechte an dieser Ausgabe vorbehalten
Satz Times (Linotron 404)
Gesamtherstellung Clausen & Bosse, Leck
Printed in Germany
980-ISBN 3 499 50314 X

9.–12. Tausend November 1986

Inhalt

Der Imperator. Porträtiert von Carl Moor, 1717

Vorwort

Die einen hoben ihn als Gottgesandten in den Himmel; den anderen war er der Antichrist. Jene, die den Zaren als Göttergleichen priesen, dachten an die Macht und Größe Rußlands, die er bewirkte. Diejenigen, für die er ein Teufel war, meinten die Despotie und Menschenverachtung des Imperators, seine Erziehungsdiktatur, durch die, wie sie es sahen, die Natur des russischen Volkes vergewaltigt wurde. Sie wiesen auf den Absolutismus eines Monarchen, der Tradition und Sitten mit Füßen trat und oppositionelle Regungen grausam unterdrückte.

Die Slawophilen beschuldigten Peter I., er habe durch seine gewalttätigen Reformen die Kontinuität der russischen Geschichte unterbrochen. Konstantin Aksakow urteilte 1860: «Er hat Rußland und seine Vergangenheit verkannt, und deshalb ist sein Werk verflucht.» Wissarion Belinskij dagegen, dem Westler, war das berühmte Standbild des Ehernen Reiters am Ufer der Newa nicht Ehre genug. Er schrieb: «Altäre müßte man ihm errichten auf allen Plätzen und an den Straßen des erhabenen russischen Zarenreiches.»

Die bolschewistischen Herren Rußlands stürzten den schwertumgürteten Reiter nicht von seinem Sockel. Lenin sagte mit lobendem Unterton, Peter habe die Annäherung Rußlands an den Westen beschleunigt. Karl Marx' Meinung allerdings paßt der sowjetischen Historiographie nicht ins Konzept. Von Anfang an, konstatierte der kommunistische Theoretiker, brach Peter I., vor allem durch seinen Drang zum Meer, mit den Traditionen der Slawen. Ein Herrschergenie habe sich der zügellosen Aggression gewidmet.

Wie immer liegt Wahrheit zwischen den Extremen. Tatsächlich war Rußland dem Westen nicht gänzlich verschlossen, als Peter die Regierungsgewalt übernahm. Die Außenpolitik, die der junge Zar initiierte, war nicht völlig neu. Schon Iwan IV., der erste gekrönte Zar, griff über herkömmliche russische Grenzen hinaus. Den Wert der baltischen Küste, die Peter für Rußland eroberte, hatten Moskau und seine Gegner seit langem erkannt. Zu keiner Zeit wurde das russische Volk befragt, denn Selbstherrschaft wird immer auf dem Rücken der Menschen ausgeübt. Auch in Peters Welt waren die Beherrschten nur Mittel zum Zweck, bestenfalls Statisterie.

Erkannte Peter die historischen Aufgaben, vor denen sein Land stand, wie es die patriotische russische Geschichtsschreibung will, hatte er wirklich diesen genialen Überblick? Hing er Visionen nach, welchen Platz Rußland, aus Rückständigkeit zu Modernität und Gleichberechtigung geführt, in der Welt behaupten sollte? Peters geheime Gedanken, die Gemütsverfassung dieses widersprüchlichen Mannes, der rücksichtslos und brutal und doch auch sensibler Sinnenmensch war, sind uns verborgen geblieben. Fest steht: Der Rationalist, dem Nutzen alles bedeutete, schürfte nicht tief in den Strömungen und Entwicklungen seines Volkes. Einen Meisterplan hatte er nicht, weder als Reformer noch als Eroberer.

Doch da war eine Willenskraft, die Russen selten eigen ist. Wir werden ihr, im Laufe der Geschichte, erst wieder bei Lenin begegnen, dem anderen Russen, der sein Land umgestaltete und der Rußland auf ähnliche Weise durch seine Persönlichkeit prägte. Und da war Peters Leidenschaft, Menschen und ein großes Reich «ihm zum Bilde» zu formen. So gesehen, konnte man selbst in dem Bärte-ab-Gebot einen Funken prometheischen Feuers entdecken.

Die Festung am Meer sollte genommen werden, also schuf der Zar eine Flotte. Der Feind hatte das Heer zerschlagen, so stampfte der Herrscher eine neue bessere Armee aus dem Boden. Ein Platz für den Handel, das Fenster nach dem Westen, wurde zur Metropole. Den Adel zwang Peter zurück in den Dienst am Staat, so wie er sich selbst als Dienender verstand. Aus Kaufleuten machte er Fabrikanten. Die Bauern fesselte er an ihre Herren, damit das Land von ihrer Fron profitierte. Die aktuelle Lage, der Krieg aus Staatsräson, forderten Entschlüsse. So wurde der Autokrat immer aufs neue vorwärts getrieben und legte sich, Schritt für Schritt, sein Instrumentarium zurecht, das den Erfolg verbürgte.

Das war das Neue. Eine solche Kraftanstrengung hatte Rußland nie gesehen. Die kommunistischen Herrscher, die wie Peter I. ein anderes Rußland repräsentieren, nennen den Zaren einen talentierten Vertreter seiner Klasse und seine Reformen fortschrittlich, eine historisch gesetzmäßige Erscheinung. Auch die moderne Geschichtsschreibung im Westen ist abgerückt von einer Betrachtungsweise, die die Persönlichkeit in den Mittelpunkt stellt. Über den Anteil des Einzelnen an einer historischen Umwälzung oder den Stellenwert der geschichtlichen Ausgangssituation für die Leistung des Individuums wird immer gestritten werden. Deshalb ist die Zahl der «Großen» in der Geschichte so gering.

Groß war ein Herrscher meist nicht wegen seines menschlichen Formats, nicht weil er sein Volk verwöhnte oder die Sache der Freiheit förderte, sondern weil er Veränderungen bewirkte, die Bestand haben. Nur in diesem Sinne kann man Zar Peter einen Großen nennen.

Herren nach Gottes Belieben

«Die barbarische Rusj ging daran, westliche Vorstellungen zu übernehmen. Peter beschleunigte diesen Prozeß; im Kampf gegen die Barbarei machte er vor barbarischen Mitteln nicht halt.»

W. I. Lenin

Widerstrebend wandelte sich die traditionserstarrte Russische Erde, die Lenin so apostrophierte. Denn ein halbes Jahrtausend schon waren die Menschen ostwärts des Dnjepr vom westlichen Europa getrennt. Einst hatten die Mongolen die unterworfenen Slawen nicht nur unter ihr Joch, sondern auch in die Isolation gezwungen. Schwerlich ist abzuschätzen, wie stark die asiatische Fremdherrschaft, der zweihundertjährige Umgang mit den Tataren, den russischen Volkscharakter prägten. Die Sitten verrohten, die Grausamkeit der Steppenvölker griff auf Rußland über. Kniefällig mußten die Fürsten der Rusj die Befehle der Khane empfangen. Sklavische Unterordnung wurde verlangt, der Niedere hatte dem Höheren zu gehorchen. Die Fürsten gaben die Demütigungen weiter. So wurde das russische Volk an Willkür und Knute gewöhnt. Der äußeren Erniedrigung entsprachen Lethargie und geistige Stagnation. Das Tatarenjoch trug zur wirtschaftlichen und kulturellen Rückständigkeit Rußlands bei. Schwerer noch wog die Trennung vom Westen: Die Rusj kannte Europa nicht; der Westen wußte nicht, was dort im Osten, weit hinter den polnischen Ländern, geschah. Entfremdung und gegenseitiges Mißtrauen waren die Folge. Sie sind bis heute nicht überwunden.

Dann war die Fremdherrschaft abgeschüttelt. Dennoch verharrten Großfürsten und Zaren in der Absonderung. Weltanschauliche Gründe ließen die Obrigkeit Kontakte zur Außenwelt und Veränderungen im Innern nach Möglichkeit vermeiden:

Auf Konstantinopel hatten die russischen Herrscher geblickt, seitdem Wladimir Swjatoslawitsch, Fürst in Kiew, den Christenglauben der Griechen angenommen und die byzantinische Prinzessin Anna geheiratet hatte. Die griechische (orthodoxe) Kirche Konstantinopels, das Reich von Byzanz, waren für sie gleichbedeutend mit europäischer Kultur. Ehrfurchtsvoll sprachen die Russen von Zar-Grad, der «kaiserlichen Stadt» am Bosporus, die für sie tatsächlich zum Zweiten Rom, dem zweiten Zentrum der Christenheit, geworden war. Im Geist von Byzanz wurde das russische Volk erzogen, in der Unmündigkeit des Bürgers, der auch ein Geist der Unduldsamkeit war. Denn im heftigen Streit waren Griechen und Lateiner, die Brüder in Christo, auseinander gegangen. Gegenseitig hatten sich der Papst in Rom und der Patriarch in Konstantinopel mit dem kirchlichen Bann belegt. Doch es kam die Zeit, da Byzanz, im Türkensturm eingeschlossen, die Hilfe des Papstes suchte und als Preis dafür die Autorität der westlichen Kirche anerkannte. Entrüstet und haßerfüllt reagierte das orthodoxe Rußland auf diese Union mit den lateinischen Ketzern. Mit Schimpf und Schande wurde der griechische Metropolit Isidoros aus Moskau verjagt, weil er im Namen der russischen Kirche auf dem Konzil zu Florenz den Zusammenschluß mit den Päpstlichen sanktioniert hatte (1439). Das Zweite Rom, so sahen es die Russen, hatte sich selbst zerstört, und der Fall von Konstantinopel vor den Türken war die Strafe Gottes für die Abkehr vom wahren Glauben. Die orthodoxe Rusj andererseits hatte sich aus eigener Kraft vom Joch der Ungläubigen befreit. Von da an fühlte sich Moskau, das neue Zentrum des russischen Staates, mehr und mehr als Erbe des byzantinischen Reiches, und die Herrscher über Rußland erhöhten sich zu Hütern der Rechtgläubigkeit

Straße in Moskau, Mitte des 17. Jahrhunderts

Moskau, Mitte des 17. Jahrhunderts

(prawoslawije) – nicht nur auf der Russischen Erde. Iwan III., Großfürst von Moskau, vermählte sich mit Sophia Palaiologos, der Nichte des letzten byzantinischen Kaisers. Sie war für den Reichsgedanken von großem Gewinn. Mit ihr übernahm der Fürst zugleich das Wappen der Byzanti-

Peter I. verwendete dieses Staatssiegel bis zur Annahme des Kaisertitels

ner, den doppelköpfigen Adler, das die Geschlechter der Zaren bis an ihr Ende begleiten sollte. Er nannte sich einen Selbstherrscher (samodjerschez) und dokumentierte so das Gottesgnadentum des byzantinischen Autokrators und seine Unabhängigkeit von allen anderen Herren der Erde. Dieses Prinzip der Autokratie, der Selbstherrschaft auch im Innern des Staates, blieb das politische Leitsystem Rußlands bis zur Revolution des Jahres 1917. Dem Doppeladler des versunkenen oströmischen Imperiums fügte Iwan III. die Symbolfigur des aufstrebenden moskowitischen Staatswesens hinzu, einen siegreichen Drachentöter. Dieses neue Wappen paßte sich ein in eine Theorie, der die Selbstherrscher an der Moskwa gern ihr Gehör schenkten: Moskau – das Dritte Rom. Es war die Kirche, die den Staat stets aufs neue in der Auffassung bestärkte, mit dem Untergang Konstantinopels sei dessen kulturelles und politisches Erbe auf Rußland übergegangen, denn Moskau allein bewahre die Reinheit der rechtgläubigen Lehre. Die Kirche blieb überzeugt, daß das orthodoxe Christentum als eine von Gott geschaffene Einheit unteilbar sei. Historisch gesehen war ja die Einheit der Orthodoxie wie die politische und administrative Kontinuität von Byzanz jahrhundertelang durch die

Das Taufgemach im Terem-Palast des Moskauer Kreml

Bojaren in traditioneller Tracht: Gesandtschaft Iwans IV. zum deutschen Reichstag in Regensburg, 1576

Macht des Kaisers und die des Patriarchen von Konstantinopel gesichert worden. Die Stadt am Bosporus war das Herz des Reiches gewesen; das Herz Rußlands schlug jetzt in Moskau. Die Moskowiter waren machtvoll dabei, die in Fehden zerrissene und verstreute Russische Erde unter ihrer Führung «zu sammeln». Die Idee von Moskau als dem Dritten Rom hat der Mönch Filofej, der gelehrte Älteste im Kloster Pskow, in Worte gekleidet. Sein berühmtes Sendschreiben an den Großfürsten Wassilij III. aus dem Jahre 1511 gipfelte in dem Satz: «Zwei ‹Rome› sind gefallen, das Dritte Rom – Moskau – steht, ein Viertes aber wird es nimmermehr geben.» Die Ideologie der Selbstherrschaft hat russische Politik Generationen hindurch geprägt. Gewiß haben sich auch jene, die Jahrhunderte später unter der roten Fahne ihre Glaubenssätze verkündeten, an die Worte des Starez Filofej erinnert.

Wassilijs Sohn und Nachfolger zögerte nicht, sich mit dem von Byzanz überkommenen Titel nun auch offiziell zu schmücken: Iwan IV. nannte sich Zar, was dem griechischen kaisar und dem lateinischen caesar entspricht. Siebzehnjährig ließ er sich in der Uspenskij-Kathedrale des Moskauer Kreml krönen. So wurde einerseits die absolute Macht des Gosudarj, das heißt des Herrn und Herrschers, in prunkvoller Zeremonie zur

Schau gestellt. Zum anderen war kundgetan, daß die Welt mit Rußland als einem bedeutenden Staat werde rechnen müssen. Hochmütig ließ Zar Iwan seinen Gegner, den polnisch-litauischen König Stephan Báthory wissen, «nach Gottes Belieben» sei er der Zar, das heißt, von Gott habe er seine Macht erhalten, der Wahlkönig dagegen, dem Einspruch der Magnaten unterworfen, sei abhängig vom Willen und von den Launen der Menschen. Der majestätische Prunk, den die Selbstherrscher auf dem Zarenthron entfalteten, trennte sie zugleich von der Masse des eingeschüchterten Volkes, das in Armut und Barbarei verharrte. Schon die Staatsreform Iwans IV., den seine Untertanen den furchtgebietend Strengen (Grosny), ungenau übersetzt den Schrecklichen nannten, hatte die Bauern in die Hörigkeit gezwungen. Fortan wandelte sich die Russische Erde zum Unglück jener, die sie bebauten.

Schwer kam es die Herren nach Gottes Belieben an, Einflüssen nachzugeben, die der Ausschließlichkeit ihres Weltbildes zuwider liefen. Handwerker, Architekten und Künstler waren die ersten, die Moskau mit westeuropäischer Kultur konfrontierten. Ausländer halfen, Kirchen und Paläste zu bauen; zum Ruhm der Zaren schmückten sie den Kreml. Man rief die Fremden, doch der Russe traute ihnen nicht. Der moskowitische Argwohn wurde aus mehreren Quellen gespeist. In (west-)europäischer Bildung sahen viele Würdenträger eine Gefahr für die Reinheit des rechten Glaubens. Es galt, den schlichten russischen Menschen vor westlicher Durchtriebenheit zu schützen. Die Nachbarn im Westen waren schwerlich Freunde zu nennen. Mit Polen und Schweden wurden Kriege geführt. Ausländische Interventen hatten die Zeit der politischen Wirren (smuta) genutzt und weite Teile des Moskowitischen Reiches besetzt.

Doch gerade die Waffengänge hatten die Rückständigkeit Rußlands am empfindlichsten erwiesen. Ohne Modernisierung des Heeres konnte verlorenes Terrain nicht zurückerobert, der Bestand nicht gesichert, das Reich nicht erweitert werden.

Zu Beginn des 17. Jahrhunderts hatte die Dynastie der Romanows die Herrschaft angetreten. Das neue Zarengeschlecht war dabei, die Kluft zu verengen, die den russischen Staat von der europäischen Zivilisation trennte. Westliche Bildung und westliche Güter kamen in Mode, denn sie brachten Rußland Nutzen. Hoch im Norden, in Archangelsk, machten die ersten ausländischen Schiffe fest. Dort war den Russen, für wenige eisfreie Monate im Jahr, der einzige Zugang zum offenen Meer geblieben. Fremdländische Offiziere drillten die militärischen Aufgebote, führten neue Gefechtsweisen ein. Bergbauexperten schürften nach Erz, bescheidene private Manufakturen entstanden. Am Zarenhof wurden westeuropäische Publikationen übersetzt. Als Michail Fjodorowitsch, der erste Zar aus dem Hause Romanow, 1645 starb, lebten in Moskau (bei etwa 150000 Einwohnern) rund tausend Ausländer mit ihren Familien. Ihnen war ein besonderer Wohnbezirk zugewiesen, aber die Furcht der Rechtgläubigen vor dem zersetzenden Einfluß der Andersgläubigen schwand allmählich dahin.

Doch erst Zar Peter idealisierte die westliche Lebensart und suchte Veränderung um jeden Preis. Die Feindschaft gegenüber der starren Tradition und der hergebrachten Mentalität, die Reformen im Wege standen, verband sich bei ihm mit Unbedingtheit auf dem Weg zum Ziel. So riß der neue Gosudarj Barrieren nieder, von denen die alte Rusj umgeben war.

Jugend im Thronfolgestreit

Zar Alexej Michailowitsch, der zweite Romanow, war zweimal verheiratet. Der ersten Ehe mit Maria Iljinitschna Miloslawskaja, die 1669 starb, entstammten dreizehn Kinder. Die zweite Ehe schloß der Zar mit Natalja Kirillowna Naryschkina. Natalja gebar am 30. Mai 1672 einen Sohn, der Peter[1*] genannt wurde, und die Töchter Natalja (1673) und Fjodora (1674). Noch zu Lebzeiten des Herrschers schwelten Haß und Feindschaft in den Gemächern des Moskauer Kreml: Beide adeligen Familien, die Miloslawskije und die Naryschkiny, strebten nach der Macht.

Der Name Romanow, der das Geschlecht bezeichnet, das Rußland seit 1613 regierte, hatte in der Hauptstadt einen guten Klang. Peters Urgroßvater, der Bojar[2] Fjodor Nikititsch Romanow, war als Metropolit Filaret von Rostow in den Wirren des Interregnums in die Gefangenschaft der polnischen Interventen geraten. Viele Patrioten hatten sich diesen fähigen und aktiven Würdenträger als neuen Zaren gewünscht. Doch ein Geistlicher durfte den Thron nicht besteigen. Freilich, als Patriarch und Mitregent seines Sohnes Michail Fjodorowitsch ist Filaret später ein ungekrönter Herrscher gewesen. Sogar die kaiserlichen Erlasse, die Ukase, trugen neben der Unterschrift des Zaren den Namenszug des Kirchenfürsten. Peter hat zu seiner Zeit alles daran gesetzt, dieses gleichgewichtige Zusammenspiel von Kirche und Staat zu beenden.

Auch am Hofe Alexejs, dessen rechtgläubige Frömmigkeit die Zeitgenossen priesen, waren fremde Sitten keineswegs verpönt. Peters Vater suchte das Gespräch mit ausländischen Gelehrten, selbst westliche Komödianten ließ er gewähren. Damals entstand in der Moskauer Ausländersiedlung, die mittlerweile «Njemezkaja sloboda», das heißt: Deutsche Vorstadt, genannt wurde, das erste Theater auf russischem Boden. Johann Gottfried Gregorii, ein Pastor der deutschen Kolonie, leitete das Ensemble. Zar Alexej saß bei den Vorstellungen auf einer Bank vor der Bühne, die Bojaren mußten stehen; die Zarin verfolgte das Spiel aus einer Loge durch ein Gitterfenster. Einflußreiche Ratgeber und Freunde des Herrschers, wie der Bojar Artamon Matwejew, der Leiter jener Kanzlei, die für die Beziehungen zum Ausland zuständig war, lebten auf

* Die hochgestellten Ziffern verweisen auf die Anmerkungen S. 130f.

Alexej Michailowitsch Romanow, Peters Vater

westeuropäische Weise. Im Hause Matwejews und seiner schottischen Frau Mary Hamilton, der Pflegeeltern der künftigen Zarin, war der vierzigjährige Witwer Alexej Michailowitsch der neunzehn Jahre alten Natalja Kirillowna zum erstenmal begegnet.

Die Mutter Peters war die Tochter eines Mannes mit Hofrang, der als Dworjanin[3] dem niederen Adel angehörte. Gesellschaftliche Kriterien spielten innerhalb der Oberschicht, die Rußland beherrschte, eine wichtige Rolle; nach ihren Maßstäben waren die Naryschkiny Parvenüs und der Familie Miloslawskij, die zu den vornehmsten des Landes zählte, weit unterlegen. Matwejew und sein Anhang verkörperten zudem das Neue, dem viele zutiefst mißtrauten. Die blutigen Ereignisse, deren Zeuge der Knabe Peter wurde, waren die Folge auch dieser Gegensätze. Zar Alexej

Natalja Kirillowna Naryschkina, Peters Mutter

Michailowitsch starb am 29. Januar 1676. Nach seinem Tod verschärfte sich der Konflikt der Hofparteien.

Zunächst hielten die Miloslawskije die Zügel in der Hand. Der vierzehnjährige Fjodor, Alexejs ältester Sohn aus erster Ehe, folgte dem Vater auf den Thron. In seiner kurzen Regierungszeit ging der junge kränkliche Zar den Weg der Modernisierung weiter. Bisher wurden die Ämter des Reiches «nach dem Geschlecht» verteilt. Das heißt, die ältesten Bojarenfamilien hatten ein Recht auf die höchsten Posten. Von nun an wurden die Ämter nach dem Maßstab der Befähigung besetzt. Die Abschaffung der Platzordnung nach dem Geburtsrecht (Mjestnitschestwo) trug zur Effizienz der Staatsverwaltung bei; in kriegerischen Zeiten konnte der Herrscher bessere militärische Führer berufen. Und unter Fjodor

Alexejewitsch wurde jene Schule eingerichtet, die als Slavo-graeco-lateinische Akademie später im Geistesleben des modernisierten Rußland eine wichtige Rolle spielte. Der Zar starb zwanzigjährig; er hinterließ keinen Nachfolger.

Wer der beiden verbliebenen Söhne Alexejs sollte den Thron besteigen? Der sechzehnjährige Iwan, Sohn der Maria Miloslawskaja, oder der knapp zehn Jahre alte Peter. Der Gewohnheit entsprechend hatte der älteste Zarewitsch das Recht auf den Thron. Aber auch Iwan Alexejewitsch war kränklich, schwachen Geistes und halb erblindet, Peter dagegen kräftig und intelligent. Doch auch aus anderen Gründen votierten die herbeigeeilten Bojaren für den Jüngeren. Peter, so hofften sie, werde nicht in die Fußstapfen seines Halbbruders Fjodor treten, der die Privilegien der Vornehmen beschnitten hatte, eine Zukunftserwartung, die sich allerdings nicht erfüllte. So trat Patriarch Joachim inmitten der Würdenträger vom Totenbett des Zaren hinaus auf die Rote (Schöne) Treppe, die zum Kathedralenplatz im Kreml führte, und stellte den Wartenden die rhetorische Frage, wer Herrscher werden sollte: Iwan oder Peter. Dem Ruf der Menge – Dienstleute, Soldaten, Gewerbetreibende aller Art – war zu entnehmen, daß «das Volk» Peter Alexejewitsch als Zaren wünschte. Noch am selben Tag, dem 27. April 1682, huldigte der improvisierte Semskij sobor, die Landesversammlung[4], dem neuen Zaren. Da Peter minderjährig war, fiel die Regentschaft seiner Mutter zu. Jetzt hatten die Naryschkiny das Sagen. Die weitverzweigte Familie Miloslawskij war nicht gewillt, sich damit abzufinden.

Zeuge eines Massakers

Was sich Mitte Mai 1682 an drei aufeinanderfolgenden Tagen im Moskauer Kreml zutrug, haben Dutzende von Historikern und Autoren nüchtern oder phantasievoll beschrieben. Der Blutrausch der Strelizen, den Peter als Knabe miterlebte, gehört zu den düstersten Kapiteln der Moskowiter Geschichte. Dieses Massaker hat den Charakter Peters mitgeprägt. Als eine rasende Soldateska Repräsentanten der Staatsgewalt bestialisch ermordete, ihre Leichen schändete und die Residenz der Zaren verwüstete, wurden Haß auf die Feinde, Grausamkeit und Rachsucht, aber auch traumatische Angst, ja Verfolgungswahn, in die Seele des Kindes eingepflanzt. Peter begann auch die Stadt zu hassen, in der er Todesfurcht erlitt, die Kremlpaläste mit ihrem Labyrinth dunkler Gänge und Gemächer, die Priester mit ihrem Sing-Sang und die langbärtigen Bojaren, die das Entsetzliche nicht verhindern konnten. So hat die Episode, über die zu berichten ist, durch ihre Wirkung auf den jungen Zaren auch den Gang der russischen Geschichte beeinflußt.

Die Strelizen (Schützen), eine von Iwan IV. gegründete Truppe, spiel-

Die Rote Treppe im Moskauer Kreml. Zeichnung von 1672

ten im Moskauer Staat eine besondere Rolle. Sie waren die einzige ständig einsatzbereite militärische Macht, eine privilegierte Kriegerkaste, die mit der Zeit ein starkes Selbstbewußtsein entwickelte. Im Süden der Hauptstadt, jenseits der Moskwa, hatten die Strelizen ihr eigenes Quartier. Dort lebten sie mit ihren Frauen und Kindern und gingen in Friedenszeiten als Händler oder Handwerker einem zivilen Gewerbe nach. Schon lange schwelte Unzufriedenheit unter den zehntausend Schützen, die damals in Moskau stationiert waren. Von unterschlagenem Sold war die Rede, von Bereicherung der Offiziere. Aufrührerische Reden wurden gehalten: Hat man uns nicht wie Leibeigene ausgebeutet, zur Arbeit auf den Gütern der adeligen Obersten gezwungen? Die neue Regierung war noch nicht Herr der Lage. Sie fürchtete eine Meuterei und lieferte die beschuldigten Offiziere ihren Untergebenen zur körperlichen Züchtigung aus. So wuchs den Strelizen ein neues Machtgefühl zu. Die Hofpartei der Miloslawskije nutzte die Gunst der Stunde.

Gerüchte wurden ausgestreut: Bojarenverräter ergriffen im Kreml die Macht; Ausländer hätten Zar Fjodor vergiftet; dem wahren Glauben und den alten Werten, die sie, die Strelizen, verkörperten, drohe neue Gefahr. Am 15. Mai 1682 entlud sich die angeheizte Erregung in offene Rebellion. Die Fahnen entrollt, unter Trommelschlag, drangen die Meuterer in den Kreml ein; Kameraden schlossen sich ihnen an. Vor der Roten Treppe des Facettenpalastes machten sie halt. Rufe ertönten, die Naryschkiny hätten den Zarewitsch Iwan ermordet. Es half wenig, daß sich Natalja Kirillowna mit Stiefsohn und Sohn an der Balustrade

Iwan V. und Peter I.

zeigte. Fürst Michail Dolgorukij, ein Strelizenkommandeur, war der erste, der über die Brüstung in die Spieße und Hellebarden gestürzt wurde. Sekundenschnell war er in Stücke gehackt. Artamon Matwejew erlitt das gleiche Schicksal. Der zehnjährige Peter sah zu, wie der Mob den greisen Bojaren den schützenden Armen seiner Mutter entriß, wie der Freund seines Vaters auf gräßliche Weise ums Leben kam. Unter den Erschlagenen waren zwei Brüder der Zariza, Würdenträger und Unschuldige ohne

Rang, wie der deutsche Arzt Stephan Gaden, der verdächtigt wurde, Fjodor Alexejewitsch das Gift gemischt zu haben. Die Reste der Opfer wurden mit Spottrufen durch das Spasskij-Tor geschleift und nahe der Basilius-Kathedrale zur Schau gestellt.

Zwischenfälle gab es am Rande. Demonstranten plünderten den Cholopij prikas, jene Kanzlei, die für die Knechtschaft auf dem Lande zuständig war. Dokumente der persönlich Leibeigenen (cholopy, d. h. Knechte) wurden vernichtet. Doch die Rufe nach Gerechtigkeit für das Volk wogen nicht angesichts des Gemetzels.

Die Steuerung der Strelizen durch die Sippe Miloslawskij wurde sichtbar, als die Meuterer ihre Forderungen erhoben. Peter und Iwan, so erklärten sie, seien die Herrscher; Iwan jedoch sei als der «höhere» Zar zu betrachten. Sophia Alexejewna, die vierundzwanzigjährige Schwester Iwans, die treibende Kraft im Miloslawskij-Klan, solle die Regentschaft übernehmen. Der Patriarch und die Bojarenduma (Rat) stimmten eilfertig zu. Am 25. Juni 1682 wurden die beiden minderjährigen Zaren in der Uspenskij-(Mariä-Himmelfahrts-)Kathedrale in feierlicher Zeremonie gekrönt.

Bei dieser Gelegenheit, kolportieren die Nacherzähler der Peter-Legenden, zuckte Peters Gesicht zum erstenmal im nervösen Krampf, ein Übel, an dem der Zar sein Leben lang litt. Dieses spasmische Kopf- und Schulterzucken wird in den meisten Berichten auf den Schock vom Mai 1682 zurückgeführt. Neuere Untersuchungen allerdings lehnen die Schockthese ab. Ein schweres Fieber zum Beispiel, wie es Peter Ende 1693 erlitt, könne diese Art Epilepsie verursacht haben. Allgemein gesagt war Peter nicht so kerngesund und vital, wie es seine physischen Kräfte vermuten ließen. (Mit bloßen Händen konnte er einen metallenen Becher platt drücken oder einen silbernen Teller zu einem Klumpen zusammendrehen.) Trotz aller körperlichen Leistungsfähigkeit blieb er sein Leben lang ein labiler und nervöser Mensch.[5]

Verwöhnt von einer zärtlichen Mutter und von einem stolzen Vater wuchs Peter im Luxus eines reichen Fürstenhofes auf. Spielzeug aus vieler Herren Ländern häufte sich im Kinderzimmer des Kreml. Eine Schar Zwerge tummelte sich, die Zarenkinder zu unterhalten und zu bedienen. Nicht nur das starre höfische Zeremoniell, die düstere Pracht und die stets präsente geistliche Macht wirkten auf das Kind und formten das Selbstwertgefühl des zum Herrschen Geborenen. Oft wurde angespannt, und die vergoldete Staatskarosse setzte sich in Bewegung. Es ging hinaus in die schöne Umgebung der Hauptstadt, zum Landsitz Preobraschenskoje am Ufer der Ja'usa, wo es ein Theater gab, oder nach Süden, zur Sommerresidenz Kolomenskoje. Dort, an einer Schleife der Moskwa, breitete sich auf einer Anhöhe ein Palastensemble aus, das mit seiner verwirren-

Kolomenskoje

den Vielfalt von schindelbedeckten Dächern und Kuppeln, von Treppen, Höfen und Arkaden als ein Wunderwerk der altrussischen Holzbaukunst galt. Hier empfing Zar Alexej gern ausländische Gesandtschaften.

Peter war schon sieben Jahre alt, als er den ersten regelmäßigen Unterricht erhielt. Später wurde der Djak (Kanzleisekretär) Nikita Moisejewitsch Sotow zum Lehrer des Knaben bestellt. Er las mit dem Zarewitsch, der das Alphabet schon lange vorher beherrschte, die heiligen Schriften, sang mit ihm geistliche Litaneien und lehrte ihn schreiben. Der Schüler, das stellte sich bald heraus, war mit dem Gebotenen nicht zufrieden. Der Neugier und dem Wissensdurst des Knaben war Sotow nicht gewachsen. Fragen nach der Geschichte, nach den Helden der Vergangenheit beantwortete der Lehrer, indem er die historischen Bilderbogen erläuterte, die damals in Moskau in Mode kamen. Mit Hilfe eines Globus, ein Geschenk für den Zaren aus Westeuropa, konnte sich Peter zudem geographische Kenntnisse erwerben. Sotow war kein Mann geistigen Zuschnitts, kein Gelehrter wie die Tutoren von Peters Halbgeschwistern. Diese Benachteiligung indessen war keine Folge der Ereignisse des Sommers 1682. Peters Mutter liebte die gebildeten vielsprachigen Kiewer Mönche nicht, die im Gefolge der Vereinigung der Ukraine mit Rußland (1654) im geistigen Leben Moskaus den Ton angaben und am Zarenhof unterrichteten.

Viel später erst hat Peter I. seine Ausbildung vervollständigt. Was er lernen wollte, das bestimmte er dann selbst, und er selber brachte es sich bei. Das Format, zu dem Peter der Große es brachte, verdankte der Zar weder Eltern noch Lehrern oder Ratgebern. Es war selbstgeschaffen.

Anscheinend kam es niemandem in den Sinn, den jungen Monarchen mit den geistigen Strömungen der Zeit bekannt zu machen, denen sich Moskau ja nicht gänzlich verschlossen hatte. Die Nachwehen des Humanismus, der großen religiös-politischen Auseinandersetzungen im übrigen Europa, drangen nicht bis zu Peter vor. Der spätere Wille zu Reformen entsprang allein praktischen Gründen, dem Verlangen, Rückstand aufzuholen. Die Schulen, die Zar Peter schuf, dienten weniger der allgemeinen Bildung; sie waren fachliche Trainingszentren.

Der Knabe blieb frei, mit seinen Spielgefährten herumzutollen, mit Söhnen aus Bojarenfamilien, aber auch einfacher Hofbediensteter. Das

Peters Spielsoldaten bei der Belagerung einer Festung. Miniatur um 1700

Spiel, das er mit Leidenschaft betrieb, war das des Krieges. Peter war dreizehn Jahre alt, als van Keller, Resident der niederländischen Generalstaaten in Moskau, nach Hause berichtete: «Der junge Zar, groß von Statur mit angenehmen Gesichtszügen, wächst augenfällig heran. Intelligent und verständig wie er ist, gewinnt er Zuneigung und Liebe allerorten. Militärischen Beschäftigungen geht er mit solcher Vorliebe nach, daß man von ihm, wenn er älter ist, gewiß kühne Aktionen und heroische Taten erwarten kann.»[6] Das gute Aussehen des Kindes haben auch andere Ausländer registriert. Den Elfjährigen hielt Engelbert Kämpfer, Sekretär des schwedischen Gesandten, für sechzehnjährig, was auf die schnelle körperliche Entwicklung Peters hindeutet. In der vielzitierten Schilderung wird die Schönheit des Knaben, seine lebhafte Art und auch sein schnelles Erröten hervorgehoben. Kämpfer schrieb, alle beim Empfang Anwesenden «hätten sich als verliebt bekannt», wären sie einer jungen Dame und nicht einer kaiserlichen Persönlichkeit gegenüber getreten.

In Preobraschenskoje und im benachbarten Dorf Semjonowskoje sammelte der Zar seine Kameraden und machte sie zu Spielsoldaten (potjeschnyje wojska, d.h. Truppen zur Unterhaltung). Bald wurden die hölzernen Flinten durch richtige Gewehre ersetzt; auch Uniformen und Kriegsgerät aller Art orderte Peter aus dem Arsenal. Allmählich verwandelten sich die beiden Dörfer in Militärlager mit festen Gebäuden für die Jugendlichen, realistischem Übungsgelände und einer Kirche. Ausländer aus der Njemezkaja sloboda drillten die «Unterhaltungssoldaten». Peter begann seinen Dienst als Trommelschläger; er gefiel sich in der Rolle des einfachen Soldaten. Aus den sechshundert Spielsoldaten wurden die Preobraschenskij- und Semjonowskij-Spielregimenter; aus den Spielregimentern die beiden ersten russischen Garderegimenter. Sie bestanden, mit dem Zaren als Patron, bis zum Sturz der Monarchie im Jahre 1917.

Wißbegierde und ein ungewöhnliches technisches Interesse, Launen auch und Einfälle, nicht ein erwachendes Verantwortungsbewußtsein des jüngeren Zaren für die Belange des Staates, lenkten Peters Schritte in den folgenden Jahren. Durch einen Zufall wurde der vielbeschworene geheimnisvolle «Drang zum Meer» geweckt, der den Staatsmann Peter I. nicht mehr verlassen sollte: Es war im Juni 1688. Auf einem seiner Streifzüge stieß der Sechzehnjährige im Dorf Ismajlowo auf einen Schuppen. Dort entdeckte er zwischen allerlei Gerümpel ein Boot, das seinem Großonkel Nikita Iwanowitsch Romanow gehört hatte. Mit diesem Schiff aus England, sagte sein holländischer Gefährte Franz Timmerman aus der Deutschen Vorstadt, kann man sogar gegen den Wind segeln. Peter bestand darauf, dies so schnell wie möglich auszuprobieren. Carsten Brant, ebenfalls Holländer, ein Zimmermann, setzte den halbverrotteten Kahn instand. Das eineinhalb Tonnen schwere Segelboot wurde auf der Ja'usa zu Wasser gelassen. Peter machte seine erste Fahrt. Von daher datiert seine Liebe zu Schiffen und zur See. Peter I. nannte seinen ersten kleinen Kahn (russ. botik) liebevoll *Großväterchen der russischen Flotte*. Im Leningrader Marinemuseum hat er heute einen Ehrenplatz.

Verliebt in sein neues Spielzeug ließ der junge Peter seine Spielsoldaten stehen und suchte sich einen geeigneten neuen Tummelplatz. Er fand ihn fern von Moskau nahe der alten russischen Stadt Perejaslawlj-Salesskij.[7] Dort, «Hinter dem Walde», am Ufer des Sees Pleschtschejewo wurden noch im Sommer desselben Jahres fünf Boote auf Kiel gelegt. So oft und so lange wie möglich werkelte der Zar mit seinen holländischen Gefährten am See. Seiner Mutter, die ihn immer wieder drängte, nach Hause zu kommen, schrieb er in dieser Zeit mehrere Briefe. So im April 1689: *An meine geliebte Mutter, Zariza Natalja Kirillowna: Dein kleiner Sohn Petruschka, der hier bei der Arbeit ist, bittet um Deinen Segen und wünscht zu hören, wie es um Deine Gesundheit steht. Uns geht es gut, dank Deiner Gebete. Heute ist der ganze See frei von Eis, und alle Boote, außer dem großen, sind fertig; wir warten nur noch auf die Taue. Deshalb bitte ich Dich um die Güte, sieh doch zu, daß uns die Artilleriekanzlei siebenhundert Saschen* (etwa 1400 Meter) *schickt, und zwar ohne Verzögerung, denn sonst kann die Arbeit nicht weitergehen, und unser Aufenthalt hier zieht*

Brief Peters an seine Mutter

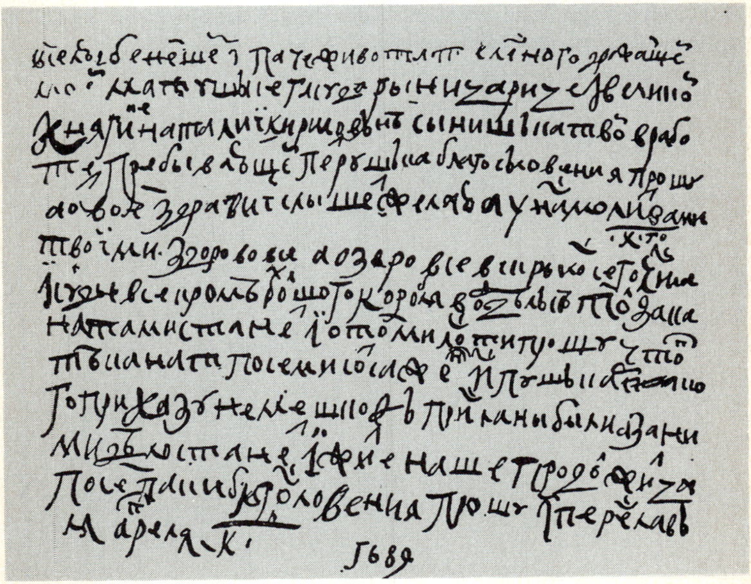

sich in die Länge. Ich erbitte Eueren Segen.[8] Die Zarenmutter war ungehalten; sie drang auf schnelle Rückkehr ihres Sohnes. Peter verschanzte sich wieder hinter seiner *Arbeit*: *Der Mann, den Du mir geschickt hast, hat das selbst gesehen. Er wird Dir alles erklären.*[9] Doch Natalja blieb unerbittlich. Der Zar mußte, wenigstens für einige Wochen, nach Moskau zurückkehren. Viel Übung im Schreiben hatte Peter nicht; sein Russisch war unbeholfen. Einmal unterschrieb er mit *Petrus*, in lateinischen Buchstaben. Die fremdländische Schrift, das westliche Alphabet, erregten seine Phantasie, so wie alles Ungewohnte, dem Peter begegnete, die Ungeduld des Zaren verstärkte, die Entdeckungslust anstachelte.

Ein Astrolabium zum Beispiel, von dem Peter hörte und das er sogleich aus Frankreich bestellte. Konnte man wirklich Entfernungen bestimmen, ohne sich von der Stelle zu rühren? Allerdings: Mathematische Kenntnisse waren nötig, damit der Winkelmesser funktionierte. Peter eignete sie sich an; Timmerman half ihm dabei. So kam zur Praxis die Theorie, und von der Arithmetik zur Ballistik ist der Weg nicht weit. Der Halberwachsene blieb dem Kriegshandwerk verfallen, der lebenslang geübten Profession, deren Ursprünge auch bei den Miniatursoldaten und -waffen im Kindergemach des Kremls zu suchen sind. Ein junger Mann mit «gutem mathematischem Verstand» (Karl Marx über Peter I.) wurde von Stufe zu Stufe seiner Entwicklung vorwärtsgetrieben. Der gute Techniker geriet schließlich zum befehlsgewohnten Herrscher. Keine Philosophie, kein System und keine Methode bestimmten Peters Weg. Den Meisterplan eines disziplinierten Geistes, Rußland aus der Rückständigkeit zur Größe zu führen, hat es nie gegeben.

Ein Zar läßt sich treiben

Peters Mutter gefielen Beschäftigung und Umgang des Sohnes nicht. Sie wollte den Einzigen in ihrer Nähe haben, und schließlich ist ein Herrscher nicht Geselle ausländischer Handwerksmeister. Westliche Gepflogenheiten waren, wie wir gesehen haben, Natalja Kirillowna nicht fremd, doch was Peter da Tag für Tag mit den Holländern trieb, das schickte sich nicht für einen jungen Russen, geschweige denn für einen Zaren: Trinkgelage, Tabakrauchen und das Geschäkere mit den Mädchen aus der Vorstadt, die sich so viel freier benahmen als die sittsamen russischen Frauen. Peter war nun sechzehneinhalb Jahre alt; was lag näher, als dem jungen Herrn eine Ehefrau zu suchen.

Die zwanzigjährige Jewdokija (Eudoxia) Fjodorowna Lopuchina besaß Vorzüge, die die besorgte Mutter zu schätzen wußte. Sie war, wie Natalja selbst, die Tochter eines Adligen niederen Ranges, von angenehmem, aber nicht auffälligem Äußeren, ehrerbietig und zurückhaltend, ja scheu im Benehmen. Ohne Gegenrede akzeptierte Peter die Wahl der Mutter, nicht weil ihm Jewdokija besonders gefallen hätte, sondern weil ihm die Sache ziemlich gleichgültig war. Die Ehe wurde am 27. Januar 1689 geschlossen. Ihr entstammten zwei Söhne, Alexej, geboren im Februar 1690, und Alexander, geboren im Oktober 1691, der schon im Mai des folgenden Jahres starb.

Jewdokija tat ihr Bestes, ihren Mann an sich zu fesseln, doch es gelang ihr nicht. Knabenhaft noch in seinem Wesen, zog der Zar das Spiel mit den Gefährten einem Leben in der Ehe vor. Für die neue Zarin begann eine lebenslange Leidenszeit. Im Laufe der Jahre verwandelte sich die Gleichgültigkeit Peters gegenüber seiner Frau in Haß. Zudem: Nie hat der Zar Jewdokija Lopuchina «verziehen», daß sie einem nach des Kaisers Meinung mißratenen Sohn das Leben schenkte.

Noch immer war es Sitte, daß die adlige Frau in der Abgeschlossenheit des Palastgemachs (Terem) ein zurückgezogenes Leben führte. Sie war in der Regel kaum gebildet und zeigte sich nicht in der Öffentlichkeit. Der Mann herrschte auch in der Familie. Der Despotismus in den Beziehungen zwischen Mann und Frau, die festen Regeln ihres Zusammenlebens, die die Frau zur Unterwürfigkeit verurteilten, wurzelten auf zweierlei

Jewdokija Fjodorowna

Weise in der Vergangenheit. Da waren die Rückstände der tatarischen Männerwelt. Es gab aber auch die byzantinisch-mönchische Verachtung des Weibes, die Furcht vor dem Teufelswerk seiner Verführungskünste.

Sophia Alexejewna, die Regentin, hatte mit der Tradition gebrochen. Sie war dank den Lehrern der berühmten Kiewer Schule, unter ihnen der Dichter und Prediger Simeon Polozkij, eine für ihre Zeit sehr gebildete Frau. Die Regierungsgeschäfte überließ sie nicht ausschließlich ihren Ratgebern; sie setzte ihren Verstand und ihre Energie ein, um selbst zu herrschen. In ihrer Regentschaft hatte Sophia einen wichtigen diplomatischen Erfolg: Mit Polen wurde ein «Ewiger Friede» geschlossen (1686), in dem der damals noch bedeutende Nachbar im Westen auf alle ukrainischen Gebiete links des Dnjepr verzichtete, die sich dem russischen Staat angeschlossen hatten, sowie auf Kiew mit einem schmalen Territorium am rechten Dnjepr-Ufer. Der lange Streit um die «Mutter der russischen Städte» war beigelegt. Rußland verpflichtete sich dafür, der europäischen antitürkischen Koalition beizutreten. Zweimal versuchte Fürst Wassilij Golizyn, die Krim-Tataren zu schlagen, die Vasallen des türkischen Sultans, die immer wieder russisches und polnisches Gebiet verheerten. Beide Male scheiterte das russische Heer auf schmähliche Weise. Golizyn, Berater und Liebhaber Sophias, war zwar ein ausgezeichneter Diplomat, aber kein Feldherr. Die militärischen Mißerfolge schwächten die Position der Regentin.

Auch Peter, obgleich mit seinen Soldaten in Preobraschenskoje und mit der «Flottille» auf dem See Pleschtschejewo beschäftigt, tat der Halbschwester seine Entrüstung kund. Er distanzierte sich von den Ehrungen, mit denen Sophia ihren heimkehrenden Günstling bedachte, und lehnte es demonstrativ ab, Golizyn zu empfangen. Der Affront kam nicht von ungefähr. Ein Machtkampf zwischen den Miloslawskije und der rivalisierenden Hofpartei, die Peter ans Ruder bringen wollte, war seit geraumer Zeit im Gange. Zunächst hatte Sophia die militärische Kurzweil ihres um fünfzehn Jahre jüngeren Halbbruders mit nachsichtigem Amusement verfolgt. Auf diese Weise abgelenkt, mischte er sich wenigstens nicht in ihre Angelegenheiten ein. Aber wie Peter selbst, so wuchsen auch seine Soldaten heran. Nun standen ihm zwei der besten Moskauer Regimenter zur Verfügung. Sophia wurde unruhig. Bald war Peter achtzehn Jahre alt und damit volljährig; dann wäre die Regentschaft erloschen. Sophia wollte das verhindern. Sie baute ihre Stellung systematisch aus, um, zumindest gleichberechtigt mit den Brüdern, als Zarin zu regieren.

Eigentlich lagen Peter weder die Hofquerelen noch die Staatsgeschäfte. Aber die Naryschkiny, seine Verwandten, und Freunde stachelten ihn an. Er müsse die herrschsüchtige Regentin in ihre Schranken weisen. Am 8. Juli 1689 kam es zu einem öffentlichen Eklat. Das Fest der Gottesmutter von Kasan wurde gefeiert. Als die beiden Zaren die Mariä-Himmelfahrts-Kathedrale verließen, trat die Regentin hinzu, um sich, wie bei früheren Anlässen auch, gleichberechtigt der Prozession anzuschließen. Das war schon immer wider den Brauch. Diesmal jedoch forderte Peter seine Widersacherin auf, die Zeremonie zu verlassen. Sophia, statt dessen, ergriff die wundertätige Ikone, was ein Vorrecht des Herrschers war, und setzte ihren Weg fort.

Wütend verließ Peter die Versammlung.

Nur durch einen Staatsstreich konnte die Regentin ihr Ziel erreichen. Wie schon vor sieben Jahren setzte Sophia wieder auf die Strelizen. Mißtrauen und Alarmstimmung herrschten auf beiden Seiten.

In der Nacht zum 8. August entlud sich die allgemeine Erregung. Zwei Strelizen der Kremlwache meldeten Peter, Truppen aus Moskau seien im Anmarsch, ihn zu ermorden. Der Siebzehnjährige geriet in panische Angst. Ohne sich anzukleiden, barfuß und nur im Nachtgewand, warf er sich auf ein Pferd und galoppierte in einen nahen Wald. Diener brachten ihm die Kleidung nach. Mit wenigen Getreuen floh Peter nach Norden. Bei Tagesanbruch erreichte er das stark befestigte Sergius-Dreifaltigkeitskloster (Troize-Sergijewa lawra), einen nicht nur heiligen, sondern

Sophia Alexejewna, Peters Halbschwester, strebte nach der Zarenmacht. Widerrechtlich posiert sie als Selbstherrscherin

auch geschichtsträchtigen Ort.[10] Völlig erschöpft und durcheinander warf er sich auf ein Bett, brach in Tränen aus, berichtete dem Abt, was geschehen war, und bat um Rat und Hilfe. Plötzlich war es übermächtig wieder da, das traumatische Erlebnis der Knabenzeit: Die Erinnerung an das

Massaker bei der Roten Treppe, dem Peter knapp entgangen war, hatte den Zaren zur Flucht getrieben.

Wenig später fanden sich auch Natalja Kirillowna und Jewdokija Fjodorowna im Kloster ein. Peters Regimenter waren zur Stelle, aber auch Strelizen, die sich trotz aller Versprechungen und Beschwörungen der Regentin in der Troiza meldeten. Die Nachricht, die Peter in Panik versetzte, beruhte auf einem Mißverständnis. Nun aber war eine Entscheidung fällig. Sophia mußte verhandeln. Patriarch Joachim sollte in ihrem Namen vermitteln. Als jedoch der höchste geistliche Würdenträger auf die Seite Peters überging, waren die Würfel für den Zaren und gegen die Regentin gefallen. Jetzt gehorchten auch die ausländischen Offiziere in Moskau und ihre Söldnertruppen den Befehlen, die aus dem Kloster kamen. In der zweiten Septemberwoche wandte sich Peter an Iwan V. Alexejewitsch, den «ersten» Zaren, der, geistig behindert, an den Ereignissen keinen aktiven Anteil nahm: *Bruder, herrschender Zar ... seid gegrüßt! Wisse Herr, daß ich Deiner Unterstützung bedarf für folgende Überlegungen: Durch Gottes Gnade wurde ... im Jahre 7190* (1682) *die Regierung Rußlands uns beiden, dem einen, wie dem anderen, übertragen, indem wir Brüder gekrönt und als Herrscher anerkannt wurden. Von einer dritten Person, die an den Staatsgeschäften teilhaben sollte, war damals keine Rede. Dennoch hat unsere Schwester, die Zarewna Sophia Alexejew-*

Das Sergius-Dreifaltigkeitskloster

Kathedralenplatz des Moskauer Kreml. Ende des 18. Jahrhunderts

na, eigenmächtig und entgegen unseren Wünschen und denen des Volkes die Führung unserer Regierung übernommen. Ich erinnere Dich daran, daß unsere Geduld lange währte ... Jetzt, mein Bruder, da wir beide volljährig sind, ist der Zeitpunkt gekommen, selbst über dieses Land zu herrschen, das Gott uns anvertraut hat. Erlauben wir nicht einer dritten Person ... unseren Titel zu teilen und sich in Angelegenheiten einzumischen, die wir beide zu entscheiden haben. Ich zweifele nicht daran, daß Du dem beipflichtest. Möge Deine väterliche Güte es uns erlauben, zum höchsten Wohle unserer Regierung unbestechliche Richter zu ernennen und die Schuldigen zu bestrafen, damit wir unseren Ländern neuen Frieden geben, auf daß dort wieder Freude herrsche. Wenn wir vereint sind, werden wir es gemeinsam verkünden, und ich bin bereit, Dich wie einen Vater zu ehren ... Inmitten der Sorgen geschrieben von Eurem Bruder, dem Zaren Peter, der Euch Gesundheit wünscht und Euch grüßt.[11] Die Ehrerbietung fällt auf, mit der Peter dem nur sechs Jahre Älteren gegenübertrat. Sie hat etwas mit der Mentalität im alten Rußland zu tun, der Achtung vor dem geistig Schwachen, den Gott selbst auf diese Weise auserlesen hat.

Peters Partei setzte sich durch. Die Regentin mußte den Kreml verlassen und im Neuen Jungfrauenkloster vor den Toren der Stadt Quartier beziehen; noch brauchte sie den Schleier nicht zu nehmen. Fürst Golizyn zog mit seiner Familie ins Zwangsexil in den Hohen Norden. Drei Scharfmacher der Strelizen wurden gefoltert und geköpft. Das war ein mildes Strafgericht, verglichen mit den Orgien von Blut, die Peter noch feiern sollte, wenn es galt, Verschwörer und Rebellen wider seine Selbstherrschaft auszuschalten.

Merkwürdig, daß Peter das Zepter auch jetzt noch nicht wirklich ergriff. Es war wohl die seltsam gespaltene Persönlichkeit des Monarchen, die den siebzehnjährigen Zaren noch immer ziellos dahintreiben ließ. Mit ihm schlitterte eine Regierung, in der nun wieder die Sippe Naryschkin dominierte. Noch glaubten der Klerus und die Bojaren, in Peter ein Werkzeug ihrer Interessen zu besitzen. Patriarch Joachim, der im März 1690 starb, formulierte sie in seinem Testament. Es war ein glühender Appell, allen fremden Ketzern, den Feinden der rechten Gläubigkeit, die Tore Rußlands zu versperren.

Trinker, Narren und die Fremden

Den jüngeren Zaren scherte das geistliche Vermächtnis nicht. Der Herrscher «von einem vagabunden geist», der «seine aigne nation verhasset undt denen Teütschen am mehristen anhänget»[12], war von nun an immer häufiger in der Ketzervorstadt zu Gast. Einer der ersten, dessen Bekanntschaft er in der Njemezkaja sloboda machte, war der Söldnergeneral Patrick Gordon, ein Schotte. (Schottische katholische Royalisten, die der Bürgerkrieg aus ihrer Heimat vertrieben hatte, gab es damals überall in Europa.) Dieser angesehene Mann, der schon manchem Herren diente und auf vielen Schlachtfeldern kämpfte, empfand für den jungen Peter väterliche Freundschaft. Gordon lehrte den Zaren die Feinheiten des militärischen Gewerbes.

Von ganz anderer, emotionaler Art war Peters Verhältnis zu Franz (François) Lefort, dem leichtlebigen Glücksritter aus Genf, den es aus Abenteuerlust nach Rußland verschlagen hatte. In der Gesellschaft dieses lebenslustigen Kavaliers fand Peter Geschmack an westlicher Lebensart, die sich bei Lefort in Charme und Witz, Gastfreundschaft und steter Bereitschaft zu Vergnügungen aller Art auf heiterste Weise präsentierte. Kein Wunder, daß der leicht zu beeindruckende junge Russe solcher Anziehung erlag: Peters Geringschätzung russischen Lebens, ja seine Verachtung der Traditionen, die in der slawischen Vergangenheit wurzelten, gingen auf die Jugendjahre mit Lefort und seinem Anhang zurück, zu dem natürlich auch Frauen gehörten. Der stets vergnügte Offizier war es, der dem sechzehn Jahre jüngeren Freund die erste feste Geliebte zuführte. Das war Anna Mons, die blonde unkomplizierte Tochter eines Weinhändlers aus Westfalen. (In der Vorstadt wurde gemunkelt, Lefort habe

General Gordon

die Mons, ursprünglich seine eigene «Eroberung», bereitwillig an Peter abgetreten.) Peters Ehebruch, den der Zar gar nicht verheimlichte, hat in der altrussischen Gesellschaft viel böses Blut gemacht. Die Kritiker warfen Peter vor, sein Beispiel habe zur allgemeinen Sittenlosigkeit der Zeiten beigetragen. Lefort machte als Günstling seines Herrn eine militärische Karriere, die seiner fachlichen Qualifikation kaum entsprach. Als der «General und Admiral» 1699 starb, ließ Peter seinem Schmerz freien Lauf.

Die Panegyriker Peters des Großen in seinem eigenen Land sagen, nicht blinde Liebe für alles Ausländische habe Peter geleitet, sondern allein die beste Absicht, indem er die Kenntnisse und die Geschicklichkeit der Fremden dem Vaterland nutzbar machte. Graf Jaguschinskij, denschtschik (Adjutant) und Vertrauter des Zaren, hat folgende öffentliche Äußerung Peters I. notiert: *Ich weiß wohl, daß dieser sichtbare Vorzug der Ausländer durch mich nicht allen meinen Untertanen gefällt. Ich habe aber zweierlei Untertanen, nämlich verständige und wohlgesinnte, die einsehen, daß ich die Fremden lediglich zu ihrem Unterricht und zur Nachahmung ... und folglich zum augenscheinlichen Nutzen meiner Untertanen hege und liebkose, damit sie gern bei uns bleiben. Ich habe aber auch unverständige und boshafte, die meine guten Absichten nicht einsehen noch erkennen ... alles Gute, was ihnen neu vorkommt, aus Dummheit verachten, und, wenn sie könnten, es gern verhindern würden. Diese bedenken nicht, wie es bei uns ausgesehen, ehe ich mich in anderen Ländern umgesehen und die Fremden in unser Land gezogen habe.*[13]

Lefort war wohl der einzige Ausländer, dem Peter wirklich nahestand. Mit seinen russischen Freunden vor allem feierte der Zar jene seltsamen

Franz Lefort

Feste, die als *Narren- und Saufkonzil* in die russische Geschichte eingegangen sind. Über Ursprung und Bedeutung dieser närrischen Bacchanalen, denen Peter der Große bis an sein Lebensende huldigte, haben sich die Historiker nicht völlig einigen können.

Der Hang der Russen zum Konsum alkoholischer Getränke ist bekannt. «Das Trinken ist der Russen Freude, ohne dies können sie nicht sein», hat schon Wladimir der Heilige, Fürst in Kiew, im 10. Jahrhundert gesagt, wenn man der alten Nestor-Chronik glauben darf. Flucht des einfachen Volkes aus seinem elenden Dasein, das Klima, weltliche und geistliche Sitten, die traditionelle Gastfreundschaft, Neigung zum Extrem – die Gründe für Entstehen und Fortbestand des russischen Nationalübels sind viel beschrieben worden. Peter hat zeit seines Lebens dem Alkohol unmäßig zugesprochen. Er liebte es, Nüchterne auf oft brutale Weise trunken zu machen. In einer berauschten Gesellschaft fühlte er sich wohl; so wie er jenen eher verzieh, die im Zustand der Trunkenheit Befehle mißachteten oder gegen Gesetze verstießen.

Peters Trinkgelage hatten nichts zu tun mit den gewöhnlichen Besäufnissen, die es in den Häusern der Bojaren und bei den Ausländern gab. Das *allernärrischste allertrunkenste Konzil* (*wsjeschutejschij wsjepjanejschij sobor*) war nicht nur eine ständige Einrichtung, es gab auch ein festes Reglement und eine Rangordnung der Teilnehmer – Statuten und Vorschriften, die der Zar eigenhändig formulierte und von Zeit zu Zeit überarbeitete. Da wurde Geheiligtes verspottet. Es gab einen Scherzpatriarchen und einen Pseudopapst, einen Mimikrysynod oder ein Scheinkonklave. Grobe Parodien der liturgischen Handlung sowohl der orthodoxen wie der katholischen Kirche waren die Regel. (Gleich nach Sophias Sturz hatten die Jesuiten Moskau verlassen müssen, die, so ein späteres Zeugnis, *die Religion doch nur zum Deckmantel, ihre Schulen zum ... Vorteile des Papstes und zu ihrer Herrschsucht über die Beherrscher der Länder gebrauchen ... und von Zeit zu Zeit ihre Könige aus dem Weg geräumt haben, die ihnen nicht anstanden.*[14]) Trinkkulte aus der Welt der Antike spielten bei den närrischen Festen ebenfalls eine Rolle. Im Januar 1699, zur Weihnachtszeit, erlebte Moskau eine übermütige, beinahe schon gotteslästerliche Prozession. Etwa zweihundert grölende trunkene Gesellen stolperten mit ihren Schlitten durch die Gassen. *Knjas-papa (Fürst-Papst)* thronte auf einem riesigen Faß, sein geistliches Gewand mit Spielkarten besteckt, die Mitra aus Blech mit einem nackten Bacchus geschmückt. Zwölf kahlgeschorene Männer zogen sein Gefährt. «Kardinäle» in närrisch verfälschten Soutanen schwenkten ihre Flaschen. Andere «Würdenträger» schlossen sich an. Vor den Häusern der Reichen, Kaufleute und Bojaren, hielt der Zug, einen Obolus, vorzugsweise in Form geistiger Getränke, für das Treiben erheischend. (Denn so ähnlich war es Brauch in der Heiligen Woche.) Anfang der Fastenzeit wiederholten sich solche Szenen, die an die Narrenfeste der alten Römer erinnerten. Diesmal erschienen «Büßer» in der Stadt, und Ochsen, Esel, Schweine, manchmal sogar Bären, waren mit von der Partie. Nicht nur das gaffende einfache Volk war verwirrt und bestürzt. Ihr Gosudarj, als schlichter Diakon verkleidet, spielte das teuflische Spiel ja mit! Auch im Adel und im Terem der Zarin Jewdokija Fjodorowna wurden beschwörende Stimmen laut: War hier der Antichrist am Werk?

Peter selbst und seine Kumpane haben uns die Beweggründe ihrer Possen vorenthalten, in die der Herrscher, erstaunlich genug, die weltliche hierarchische Ordnung einbezog, indem er Titel und Befehlsgewalt des Zaren an einen seiner Narren-Fürsten delegierte, den er auf deutsch *Herr König* nannte. War Peter I. ein Mann, der alles in Frage stellen mußte? Er hatte Ressentiments gegen die Kirche, die im russischen Staat mitregierte, mitregieren wollte, und ihm mißfiel der neue Patriarch Adrian, gegen dessen Ernennung sich Peter gewehrt hatte. Vordergründig spielten Protest und Agitation deshalb sicher eine Rolle. Sich zu verstellen, Menschen zu verwirren, sie vor den Kopf zu stoßen, daran hatte der Zar noch im reifen Alter Spaß. Dennoch ist die These nicht haltbar, das *allernärrischste Konzil* sei reiner Ulk aus überschäumender Lebensfreude, ein Mittel zur Entspannung gewesen.

Peter der Große glaubte an einen Gott; ein Freigeist war er nicht. Darin stimmen die Zeitgenossen überein. Die Lehren der christlichen Religion ließen ihn nicht gleichgültig, eine geistliche Funktion gestand er der Kirche durchaus zu. Spiel und Spott wurzelten vielmehr in einem Zwischenbereich: Der Mensch fordert die Allmacht heraus und erkennt, daß er ihr untertan und ausgeliefert ist.

Der Tod der Mutter (am 25. Januar 1694) konfrontierte den Einundzwanzigjährigen mit den Grenzen menschlichen Seins. Die starke Sohnesbindung bezeugt ein Brief vom 29. Januar an Fjodor Apraxin, den späteren Gouverneur von Archangelsk: *Betäubt teile ich mein Leid mit und die daraus folgende Traurigkeit, von der ausführlich zu schreiben meine Hand nicht imstande ist, und wobei mein Herz verstummt. Dann aber kommt mir in den Sinn, was der Apostel Paulus sagt – gräme Dich nicht ... Denn so hat es dem Allmächtigen Gott gefallen, und alles geschieht den Menschen nach dem Willen ihres Schöpfers. Amen. Hiernach, gleichwie Noah meinem Leid eine Zeitlang hingegeben, lasse ich Unwiederbringliches zurück und schreibe nun von Lebendem ...*[15]

Sein Leben genoß Peter nicht nur in Gesellschaft trunkener Freunde. Als die Mutter starb, bereitete der Zar die zweite Reise nach Norden vor. Wie schon im Jahr zuvor war Archangelsk das Ziel, die Stadt an der Weißmeerküste, der einzige Meereshafen des Reiches, denn *eines Tages war mir der See Pleschtschejewo zu eng geworden.* Dort herrschte, sobald das Eis gebrochen war, hektische Betriebsamkeit. Von Mai bis Oktober war

Peters Wohnhaus bei Archangelsk (rekonstruiert auf dem Museumsgelände Kolomenskoje)

ein ständiges Kommen und Gehen. Die gewaltigen Kähne der Dwinaschiffer brachten die Güter Rußlands – Pelzwerk und Häute, Hanf, Talg, Getreide und Pottasche – zu den Stapelplätzen. Schiffe aus London, Amsterdam, Hamburg und Bremen löschten die Waren des Westens. Russische Hochseesegler gab es noch nicht. Dem Zaren, den die offene See und der weltweite Handel mehr und mehr faszinierten, standen zwei eigene Schiffe zur Verfügung, die «St. Peter» und die «St. Paul». Auf diesen Jachten konnte Peter die fremden Kauffahrer ein Stückchen ihres Wegs begleiten. Im Juni 1694 hätte eine Fahrt zum berühmten Kloster auf der Solowjezkij-Insel beinahe ein schlimmes Ende genommen, als die «St. Peter» in einen schweren Sturm geriet. Erzbischof Afanasij, der die Reise mitmachte, nahm dem Herrscher die Beichte ab, spendete ihm und der Mannschaft das Sakrament. An jener Uferstelle, wo das Schiff Zuflucht fand, errichtete Peter ein eigenhändig gefertigtes drei Meter hohes Holzkreuz. Ende Juli wurde in Archangelsk ein Ereignis groß gefeiert: die Ankunft der Fregatte «Heilige Weissagung», die der Zar in Holland in Auftrag gegeben hatte. *Vor Freude außer mir* schrieb der neue Schiffseigner nach Moskau: *Nun ist eingetreten, was ich seit langem begehrte. Kapitän Jan Flam traf wohlbehalten ein, 44 Kanonen und 40 Mann an Bord.*

Beglückwünschen Sie uns alle! Mit nächster Post ausführlicher ... Bacchus wird nun geehrt, wie stets in solchen Fällen. Seine Rebenblätter trüben die Augen jener, die ausgiebig zur Feder greifen wollen. Der Schipper der «Heiligen Weissagung» (Brief an den Postmeister Andrej Vinius, einen russifizierten Holländer und engen Mitarbeiter Peters).[16] In seiner Begeisterung übernahm Peter mit dem Schiff auch die niederländischen Farben, die vom Heck der Fregatte wehten. Er änderte später nur die horizontale Reihenfolge: Weiß-Blau-Rot blieben von da an die Farben des Russischen Kaiserreiches.

In jenen Sommerwochen in Archangelsk, in den Gesprächen mit den fremden Kapitänen, Kaufleuten und Matrosen, wird der junge Zar, der bisher ganz der Gegenwart lebte und sich spielerisch treiben ließ, zum erstenmal über seine und seines Landes Zukunft nachgedacht haben. Wahrscheinlich kam ihm dort die Idee, mit eigenen Augen zu sehen, wovon die Ausländer schwärmten, die noch größeren und komplizierteren Schiffe, die Werkstätten und Fabriken, die alles das produzierten, was es in Rußland nicht gab. Wie aber konnte man Westeuropa näher rücken, wenn es nur diesen einen weiten und schwierigen Weg über das Nordmeer gab? Die baltische Küste, die Iwan IV. vergeblich zu erobern versuchte, war fest in schwedischer Hand geblieben. Doch wie stand es mit dem südlichen Meer, das einst die Slawen auf dem legendären Wasserweg «von den Warägern zu den Griechen» erreichten? Bei Peter und seinen Bera-

Schiffswerft in Petersburg zur Zeit Peters I.

Russisches Kriegsschiff

tern reifte der Gedanke, den Krieg gegen Krimtataren und Türken wiederaufzunehmen. Denn sie versperrten den Russen den Zugang zum Asowschen und zum Schwarzen Meer.

Nicht nur der Kaiser des Heiligen Römischen Reiches in Wien, auch die Polen hatten Moskau seit langem zu neuer gemeinsamer Aktion gegen die Muslime gedrängt. Schließlich standen ja auch die Interessen der Christenheit auf dem Spiel. Mit 30000 Mann erreichte Peter Ende Juni 1695 die türkische Festung Asow an der Mündung des Don ins Asowsche Meer und schloß sie von Land her ein. Den Befehl überließ der dreiundzwanzigjährige Selbstherrscher den Generalen. Er ließ sich als *Bombardier* in den Armeelisten führen, packte bei den Kanonen mit an, legte Feuer an die Lunte. Bald wurde den Belagerern klar: Solange das Festungswerk von See her versorgt werden konnte, war Asow uneinnehmbar. Nach drei Monaten brach Peter das Unternehmen ab. «Ein schrecklicher Mißerfolg», schrieb der russische Historiker Sergej Michailowitsch Solowjow, «das erste Werk des jungen Zaren war nicht mit Erfolg gesegnet. Da aber, dank diesem Fehlschlag, betrat ein großer Mann die Szene: Peter ließ den Mut nicht sinken ... Mit dem Mißerfolg vor Asow begann die Regierung Peters des Großen.»[17] Zumindest ging der Zar mit aller

Energie, die in ihm steckte, daran, die Scharte auszuwetzen. Seine überlegene Willenskraft war nun auf ein ganz bestimmtes Ziel gerichtet: Am Woronesch, einem Nebenfluß des Don, war seit alten Zeiten der Bootsbau zu Hause; jetzt wurde dort eine Galeerenflotte auf Kiel gelegt. Menschen schonte der Herrscher nicht. Allein der Bezirk Belgorod, zu dem das Werftenareal gehörte, mußte, wie es in einer Statistik hieß, 27828 ungelernte Arbeitskräfte stellen. Zur Leibeigenenfron der Bauern kam zum erstenmal die Zwangsrekrutierung der gewerbetreibenden Bevölkerung für Arbeitseinsätze zum Nutzen des Staates, ein Willkürakt, der – bei wechselnden Erscheinungsformen – die Entwicklung Rußlands bis in die neueste Zeit hinein begleitete.

Schon im folgenden Frühjahr waren 30 Galeeren und Hunderte von Barken einsatzbereit. Mitte Juni 1696 sahen sich die Türken von allen Seiten eingeschlossen. Mineure aus Wien und aus Brandenburg, die Peter angefordert hatte, begannen mit ihrer Arbeit. Vier Wochen nach Beginn der zweiten Belagerung war Asow in russischer Hand. Mit grausamer Freude nahm Peter einen holländischen Deserteur, den Artilleristen Jakob Janssen, in Empfang, dessen Auslieferung durch die Türken eine Kapitulationsbedingung gewesen war. *Den Verräter Jakuschka haben sie uns lebend in die Hand gegeben*[18], frohlockte der Zar, nachdem der Pascha zögernd zugestimmt und sich dafür den freien Abzug mit Waffen und Bagage eingehandelt hatte. Auf einem Henkerskarren wurde Janssen im Triumphzug von Kolomenskoje durch Moskau nach Preobraschenskoje mitgeführt, ehe er aufs Rad geflochten wurde.

Entdeckungen im Ausland

Auf zweierlei Weise hatte es im Leben Peters eine Zäsur gegeben: Aus dem Manöverspiel wurde blutiger, kriegerischer Ernst; die beiden asowschen Kampagnen beschlossen eine Jugendzeit, die dem Herrscher keinerlei Verantwortung abverlangte. Und zwischen den Feldzügen starb am 29. Januar 1696 Iwan V., der geistig behinderte Mitzar, Peters Halbbruder, der nicht mehr als eine Repräsentationsfigur der alten Moskowiter Ordnung gewesen war. Mit seinem Tod war das traditionsbeladene herkömmliche Leben der Zaren im Kreml zu Ende. Peter I. herrschte nun allein.

Der Sieg von Asow machte Peter im übrigen Europa bekannt und lenkte die Aufmerksamkeit der Höfe auf das expandierende Reich im Osten. Dem Selbstwertgefühl der russischen Oberschicht war zwar geschmeichelt, aber nicht alle Unternehmungen des Herrschers blieben ohne Widerspruch. Holländische und venezianische Experten halfen, die russische Flotte zu bauen. Ingenieure und Artilleristen aus Deutschland hatten die Bastionen der Türken unterminiert, Asow sturmreif geschossen. Ausländer beherrschten die Kunst der Navigation. Peter entschied, die Russen selbst müßten solche Fertigkeiten erlernen. Fünfzig Adelige erhielten den Befehl, sofort nach Westeuropa aufzubrechen und erst zurückzukehren, wenn sie ein Diplom der Fremden in Händen hielten. Der Zar persönlich stellte den Lehrplan zusammen. In seinen *Instruktionen* hieß es: ... *Gelegenheit suchen, an einer Seeschlacht teilzunehmen; wer nicht dazu kommt, soll sich mit Fleiß darüber belehren lassen, wie man sich während einer Seeschlacht zu verhalten hat.*[19]

Die meisten Betroffenen waren entsetzt. Viele ließen Frau und Kinder zurück. Die orthodoxen Familien sahen Väter und Söhne den zersetzenden Versuchungen einer fremden Welt ausgeliefert, einer prickelnden, vergleichsweise strahlenden Welt, die sich von der russischen nicht nur nach technischen Begriffen unterschied, und der Rußland – wir haben eingangs darauf hingewiesen – argwöhnisch gegenüberstand. Die Bestürzung der alten Moskowiter wuchs, als kurz darauf (am 6. Dezember 1696) verkündet wurde, eine *Große Gesandtschaft* werde Europa bereisen, und als es sich nicht länger verheimlichen ließ: Der Herrscher selbst wird die Tradition durchbrechen und die Russische Erde verlassen; er wird die

Gesandtschaft begleiten und noch dazu inkognito, verzichtend also auf Würde, Ansehen und Titel eines *allerdurchlauchtigsten und allermächtigsten großen Gosudarj, Zaren und ... Selbstherrschers über das Große und Kleine und Weiße (Bjelyja) Rußland.*

Es kam zu einer Verschwörung gegen diesen Zaren, der nach dem Verständnis vieler das Heilige Rußland verriet[20], der aus dem Schatten der rechtgläubigen Kirche treten, die Landesgrenzen überschreiten und sich monatelang im Ausland aufhalten wollte, *Freundschaft und Liebe* der christlichen Ketzer suchend. Hochgestimmt traf Peter letzte Reisevorbereitungen, als er aus heiterem Himmel jenen Gespenstern der Vergangenheit begegnete, die er mühsam genug aus der Erinnerung verscheucht hatte. Verschworen hatten sich Leute aus dem Strelizenmilieu, Altmoskowiter, Sympathisanten der Miloslawskije. Der Zar hatte sich getäuscht: Die Gegenpartei der Zarewna Sophia war noch aktiv. Auf diesen Schock reagierte Peter mit hemmunglos perverser Grausamkeit. Der Zar sollte ermordet werden – Geständnisse waren, wie üblich, durch die Folter erpreßt, die Urteile gesprochen. Da kam Peter eine Idee. Er ließ die verweste Leiche des Iwan Miloslawskij ausgraben, eines Verwandten der Sophia Alexejewna, der einst, zusammen mit der Zarentochter, die treibende Kraft im Thronfolgestreit gewesen war und der seit zwölf Jahren in seinem Grab lag. Auf einem von Schweinen gezogenen Schlitten wurde der Sarg zur Richtstätte in Preobraschenskoje geschafft und dort so aufgestellt, daß die Gebeine vom Blut der Gemarterten überströmt wurden, denen zuerst die Gliedmaßen und dann die Köpfe abgehackt wurden (4. März 1697). Die Köpfe der Delinquenten wurden öffentlich zur Schau gestellt.[21] So rächte sich ein Barbar, der sich anschickte, Rußland der Barbarei zu entreißen und seinem Land die Zivilisation zu bringen.

Sechs Tage nach dieser Schlächterei machte sich die *Große Gesandtschaft* auf den Weg. Beim Aufbruch zählte die Reisegesellschaft, mit Bediensteten, Übersetzern, der Leibgarde und so weiter, mehr als 250 Personen; später spaltete sie sich in Gruppen auf. Zum ersten Gesandten wurde Franz Lefort ernannt, der General und Admiral, der sich nun auch als Statthalter von Nowgorod bezeichnen durfte. Zweiter Gesandter war der Bojar Fjodor Alexejewitsch Golowin, General und Statthalter von Sibirien. (Er hatte unter der Regentschaft Sophias mit den Chinesen den Grenzvertrag von Nertschinsk ausgehandelt.) Der Zar wurde in den Listen als *Pjotr Michailow, Urjadnik* (Unteroffizier) *des Preobraschenskij-Regiments*, geführt. Er wollte «unerkannt» reisen, um ungestört in den fremden Ländern seinen Studien nachzugehen. Sich zu verstellen fiel Peter nicht schwer, die Freude an Maskeraden lag ihm im Blut; gerade erst hatte er den Sieg von Asow in schlichter Kapitänsmontur gefeiert, war er im Triumphzug inmitten der Staatskarossen bescheiden einhergeschritten. Natürlich wurde der Zar, den allein schon die Körpergröße verriet

Der junge Zar zur Zeit der Großen Gesandtschaft

(Peter maß 2,04 Meter), auch im Ausland schnell erkannt, und bei passenden Gelegenheiten lüftete er sein «Geheimnis».

Engere Beziehungen zu Westeuropa herzustellen lag Peter I. am Herzen. Die Reise hatte jedoch auch ein konkretes außenpolitisches Ziel. Ein noch intensiveres europäisches Bündnis gegen die Türken, das der Zar anvisierte, würde es Rußland erleichtern, seine Grenzen bis zur Schwarzmeerküste vorzuschieben. In einer Adresse an den Kaiser in Wien, die Könige von England und Dänemark, den Papst in Rom, die niederländischen Generalstaaten, den Kurfürsten von Brandenburg und an die Republik Venedig umriß Peter den Zweck des Besuchs: ... *Angelegenheiten, die der ganzen Christenheit gemeinsam sind, Schwächung der Feinde des Kreuzes – des türkischen Sultans, des Khans der Krim und aller muslimischen Horden – und dauernde Mehrung der christlichen Herrscher.*[22]

In Riga, der ersten Station der Reise, wurden die Emissäre aus Moskau höflich, aber mißtrauisch aufgenommen. Schließlich hatten Russen und Schweden ein Vierteljahrhundert lang um den Besitz Livlands gekämpft, nachdem der Staat des Deutschen Ordens zerfallen war. Die livländische Hauptstadt, vorübergehend in polnisch-litauischem Besitz, war erst 1629 der nordischen Großmacht zugefallen. Peter – dessen Reisepetschaft die Worte trug: *Ich bin im Stand der Lernenden und verlange nach Lehrenden* – ging ziemlich ungeniert ans Werk. Der *Urjadnik Michailow* promenierte mit seinen Kameraden auf den Festungswällen. Während die offiziellen Gesandten mit den Schweden parlierten, hatte er Gelegenheit, eine moderne Fortifikationsanlage in Augenschein zu nehmen. Als sich die Russen daranmachten, die Tiefe der Gräben zu messen, schritten die Wachtposten ein. Der Zar beklagte sich über mangelnde Bewegungsfreiheit; die Schweden erinnerten sich daran, daß vor rund vierzig Jahren Peters Vater Riga sechs Wochen lang belagert hatte. Peter grollte der Stadt aber auch wegen der hohen Preise, die den Moskowitern, angesichts einer Hungersnot, abverlangt wurden. (Durchreisende Gesandtschaften hatten die Kosten ihres Aufenthalts selbst zu tragen.) Schließlich meinte der junge Herr, er habe trotz seines Inkognitos mehr Aufmerksamkeit verdient, als er in Wirklichkeit erfuhr. Empfindlich und nachtragend vergaß der Zar den Schweden (und den Rigaer Kaufleuten) ihre seiner Ansicht nach beleidigende Haltung nicht. Sie diente ihm später auch offiziell als Begründung, Schweden den Krieg zu erklären. Zwölfeinhalb Jahre nach dem Zwischenfall auf den Wällen über der Düna entzündete Peter I. eigenhändig die Lunten und eröffnete die Belagerung der Stadt. Die Türme von Riga vor Augen schrieb er aus dem Feldlager: *Gott der Herr hat es uns vergönnt, den Beginn der Rache an diesem verfluchten Ort zu erleben.*[23]

In Kurland dagegen sah sich der Gosudarj respektiert und geschätzt. Herzog Friedrich Kasimir überhäufte die Russen mit Aufmerksamkeit. Er tat dies auch aus politischer Berechnung. In Polen sollte ein neuer König gewählt werden. Kurland war es nicht gleichgültig, wer sein neuer Lehnsherr wurde, und Rußland würde es nicht versäumen, Einfluß zu nehmen. Von Libau aus reiste Peter mit einem Schiff nach Pillau; die Gesandtschaft folgte auf dem Landweg nach.

Brandenburg-Preußen, die aufsteigende europäische Macht, wollte die Schweden endgültig von der deutschen Ostseeküste verdrängen. Für einen Kampf gegen die «Herrin des Nordens» sah Kurfürst Friedrich III. von Brandenburg, der spätere Friedrich I. König in Preußen, in Rußland einen potentiellen Verbündeten. Entsprechend freundlich war der

Empfang Peters am Königsberger Hof. Es kam indessen nur zu einem allgemein gehaltenen Vertrag mit gegenseitigen Freundschaftsbeteuerungen. Die Situation in Polen und die antitürkische Allianz waren dem Zaren zu diesem Zeitpunkt wichtiger als Absprachen gegen Schweden. Später allerdings, während des Nordischen Krieges, hätte Rußland gern Preußen von Anfang an in den Krieg hineingezogen. Gemeinsame Wege preußischer und russischer Politik waren damals noch nicht erkennbar.[24] Der Aufenthalt in Preußen brachte Peter den gewünschten praktischen Nutzen. Bei einem Spezialisten absolvierte er einen vollständigen Kurs über das Artilleriewesen. Steitner von Sternfeld, Hauptingenieur der preußischen Festungen, bescheinigte *Peter Michailow* durch Diplom, er sei ein kenntnisreicher und zuverlässiger Meister seines Fachs. Die erhalten gebliebenen Hefte des Zaren zeigen, daß Lehrer und Schüler in Fragen der Pulvermischung, des Kalibers und der Ballistik sorgfältige Arbeit geleistet haben. Peter I. und seine Gesandten hielten sich fast zwei Monate in Ostpreußen auf. Ungeduldig wartete er auf Nachrichten aus Polen, wohin er (mit Datumszeile Moskau) aus Pillau geschrieben hatte: *Einen König von französischer oder türkischer Seite wünschen wir nicht.*[25] (Durch die Wahl des französischen Kandidaten wären der Ewige Frieden mit Polen und die antitürkische Koalition gefährdet worden.) Durch diese Intervention wurde die Position des Kurfürsten Friedrich August I. (des Starken) von Sachsen bei der polnischen Königswahl zweifellos gestärkt, zumal – Parallelen zur Gegenwart können gezogen werden – diskrete Hinweise auf die an der Grenze stationierten russischen Truppen nicht fehlten. Nachdem Peter die Nachricht erhalten hatte, daß die Wahl des Sachsen gesichert sei, den auch der römische Kaiser in Wien favorisierte, setzte der Zar am 10. Juli 1697 (nach dem neuen Stil, vgl. den Hinweis am Schluß des Buches) die Reise in Richtung Holland fort.

Ein Aufenthalt im hannoverschen Coppenbrügge (Cloppenburg) bescherte Peter die Bekanntschaft zweier geistvoller Damen von Welt, die in der höfischen Gesellschaft und im politischen Leben Westeuropas eine Rolle spielten. Kurfürstin Sophie von Hannover und ihre Tochter Sophie Charlotte, Kurfürstin von Brandenburg, die sich bei ihrer Mutter zu Besuch aufhielt, waren begierig, sich nach den Berichten, die sie aus Königsberg empfangen hatten, ihre eigene Meinung über den exotischen Herrscher aus dem Osten zu bilden. Sie fingen den Zaren in Coppenbrügge ab, und Peter konnte ihrer Einladung nicht ausweichen. *Ich kann nicht sprechen*, sagte der so Überrumpelte auf deutsch. Bald aber kam mit Hilfe des dolmetschenden Lefort doch eine angeregte Unterhaltung zustande. Nach dem Mahl bat er Sophie Charlotte zum Tanz. *Verteufelt harte Knochen haben die deutschen Frauen*, meinte der russische Kavalier, als er die Fischbeinstäbe in den Korsetts seiner Partnerinnen fühlte. Die kurfürstlichen Damen waren entzückt. Die siebenundsechzigjährige Sophie, eine gute Menschenkennerin, hat den fünfundzwanzigjährigen Zaren so beschrieben: «Sein Geist ist sehr lebhaft, seine Antworten sind schlagfertig und treffend. Aber bei allen Vorzügen, mit denen die Natur ihn ausgestattet hat, wären ihm doch etwas weniger bäuerische Manieren zu wünschen ... Er erzählte uns, daß er Schiffe baue, er ließ uns die Schwielen an seinen Händen befühlen – Dieser Fürst hat ein gutes Herz und recht noble Gefühle, er ist einerseits sehr gütig und andererseits sehr böse, so wie es in seinem Land bestellt ist. Wäre er besser erzogen, würde er recht vollkommen sein, denn er hat viele gute Qualitäten, viel Verstand.»[26]

Von Saardam (Zaandam) hatte Zar Peter zu Hause schon viel gehört. Dort, so erzählten ihm die holländischen Kameraden, würden die schönsten Schiffe der Niederlande gebaut. Mehr als dreihundert große und kleine Segler und Boote liefen auf den Werften des Städtchens jährlich vom Stapel. In Saardam, wenige Kilometer nördlich von Amsterdam, wollte *Peter Michailow* den Herbst und den Winter verbringen und die Kunst des Schiffbaus gründlich erlernen. So eilig hatte es der *Lernende*, der seiner Gesandtschaft vorausgefahren war, daß er für sich und sechs Gefährten in Emmerich ein Boot mietete, den Rhein hinabfuhr, über die Kanäle Amsterdam erreichte, dort nicht einmal anhielt, sondern Saardam direkt ansteuerte. Am 18. August 1697 hatte er sein Ziel erreicht. Mit Hilfe des Holländers Gerrit Kist, der als Schmied in Rußland gearbeitet hatte und nun in Saardam lebte, fand Peter schnell eine Unterkunft.

Peters Unterkunft in Saardam

In Werksmontur

Werkzeug und Arbeitskleidung wurden beschafft. Schon am Tag nach seiner Ankunft ließ sich der Zar bei der privaten Werft Lynst Rogge als Zimmermann[27] anstellen. Doch es gelang ihm nicht, sein Inkognito zu wahren. Von nah und fern strömten die Menschen nach Saardam, um die Russen wie Tiere in einem Zoo zu bestaunen. Die Zudringlichkeit der neugierigen Menge ärgerte den Zaren so sehr, daß er einen der Gaffer bei Gelegenheit ohrfeigte. Als sein Häuschen förmlich belagert wurde, gab *Peter Michailow* auf und übersiedelte nach Amsterdam, wo er in jenem Gasthof Quartier bezog, der für die *Große Gesandtschaft* reserviert war. Der Aufenthalt in Saardam hatte nur eine Woche gedauert. Wenig später verschaffte der Bürgermeister von Amsterdam Nicolaas Witsen dem Gast auf einer Werft der Ostindischen Kompanie in der Stadt einen ungestörten Arbeitsplatz. Der hochgestellte Zimmermann erhielt die Gelegenheit, von der Kiellegung an am Bau einer Fregatte mitzuwirken, die unter dem Namen «Apostel Peter und Paul» von Stapel gelassen wurde. Mehr als vier Monate wirkte Peter mit Unterbrechungen auf der Werft und in den Docks der Kompanie. Wie in Königsberg, so ließ er sich auch in Amsterdam ein Zeugnis über seine neuerworbenen Kenntnisse ausstellen. *Wir arbeiten*, schrieb er dem Patriarchen Adrian in Moskau, *um das Seewesen zu erlernen, damit wir, kunstfertig geworden, einst als Sieger über die Feinde des Namens Jesu Christi heimkehren können und als Befreier der Christen ein Segen Gottes sind, was wir bis zum letzten Atemzuge wünschen.*[28]

Stiefel Peters des Großen (von ihm selbst gefertigt)

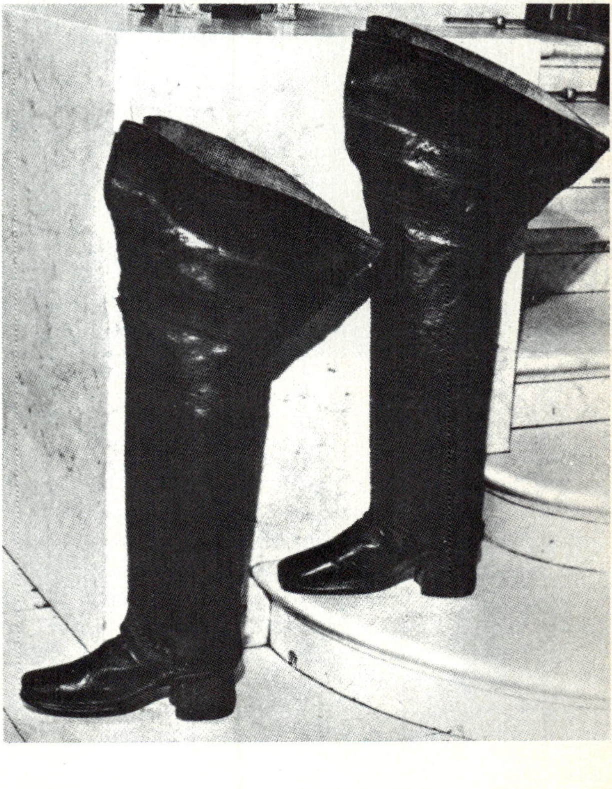

William III.

Sein Ziel, die antitürkische Front zu stärken, hat Peter allerdings nicht erreicht. Die Generalstaaten weigerten sich sogar, ihm die gewünschten Schiffe für eine Schwarzmeerflotte zu bauen. Den Niederlanden war ihr Handel wichtiger als christlich motivierte Kreuzzüge gegen Ungläubige. Sie waren zudem dabei, Frieden mit Frankreich zu schließen, dem Verbündeten des Osmanischen Reiches.

Menschlich gesehen fand der Zar in Nicolaas Witsen einen väterlichen Freund und Ratgeber. Der Bürgermeister, ein Staatsmann und Gelehrter, war in seiner Jugend bei der holländischen Gesandtschaft in Moskau gewesen und hatte sich auch später intensiv mit Rußland befaßt. Er ebnete dem Wissensdurstigen die Wege. Wiederholt besuchte Peter den berühmten Anatomieprofessor Friedrich Ruysch, der ein neues Verfahren zur Konservierung von Leichen entwickelt hatte. Von ihm ließ sich *Piter* Grundbegriffe der Chirurgie erklären. Kupferstechen und Flottenmanöver, Walfang und Feuerspritzen, die Metallurgie und der Merkantilismus – Holland war eine Fundgrube für den Herrscher über das riesige unterentwickelte Russische Reich. In diesem winzigen Gemeinwesen wurden gewaltige Werte geschaffen und angehäuft. Handel und Schiffahrt waren die Quellen dieses Reichtums. Rußland dagegen produzierte gerade so viel, daß die eigene Bevölkerung ernährt werden konnte. Im Handelsparadies der Niederlande erkannte Peter I. die Vorzüge des merkantilistischen Systems, jener Wirtschaftspolitik, die er schließlich für sein Land übernahm (vgl. Kapitel «Das neue Rußland»). Auch bei seinen ausgedehnten Studien ging Peter nicht methodisch vor; sein Drang nach Erkenntnissen war nicht geistig-wissenschaftlicher, sondern empirischer Natur. Den Meistern der berühmten holländischen Malerei konnte der Zar nichts abgewinnen; abstrakte Gelehrsamkeit interessierte ihn nicht, nur auf die praktische Anwendbarkeit kam es ihm an. Mit den Künsten eines fliegenden Zahnoperateurs zum Beispiel, den er in Amsterdam beobachtete, machte sich Peter so intensiv bekannt, daß er in Zukunft darauf bestand, kranke Zähne, die er in seiner Umgebung entdeckte, eigenhändig zu ziehen. Die Folge: Zahnschmerzen suchten die Diener des Zaren vor ihrem Herrn sorgfältig zu verbergen. Und nach den Sektionen des Professors Ruysch, bei denen Peter Hand anlegte, hielt sich der Zar durchaus für kompetent, chirurgische Eingriffe selbst vorzunehmen. Von da an führte er in seinem Gepäck stets ein chirurgisches Besteck mit sich.

Unzufrieden war der Zimmermann mit den theoretischen Kenntnissen, die ihm sein Patron auf der Werft offerierte. In England, so erfuhr er, wisse man mehr über die *geometrischen Grundlagen* der Schiffbautechnik. So beschloß Peter, sich auch in diesem Land umzusehen.

Mit Wilhelm III. von Oranien, dem Erbstatthalter der Niederlande und (seit 1689) als William III. gleichzeitig König von England, war Peter I. schon in Holland zusammengetroffen. Der junge Russe verehrte den so viel älteren protestantischen Fürsten, dessen unbeugsamer Kampf gegen die französische Vorherrschaft Ludwigs XIV. Peters Bewunderung erregte. Mitte Januar 1698, nach der Überfahrt an Bord eines englischen Kriegsschiffes, ging Peter mit kleiner Begleitung in England an Land. Mit unvermindertem Wissensdurst tauchte er neuerlich ein in diese aufregend vielfältige westliche Welt. Auf den Werften von Deptford an der Themse fand der *Lernende* die *Lehrenden*, die er sich wünschte. Die Münze im Londoner Tower war sein beliebtes Besuchsziel. Das Münzsystem, das der große Newton gerade reorganisierte, mit dem Peter allerdings nicht zusammentraf, war dem Zaren Vorbild, als er bald darauf das russische Geldwesen reformierte. Im Arsenal von Woolwich erfreute sich der *Bom-*

bardier an der Kanonengießerei. Englische Särge gefielen dem russischen Herrscher so gut, daß er einen davon als Muster nach Moskau verfrachten ließ. Peter lobte das prächtige Marinehospital in Greenwich, das Christopher Wren entwarf, und begeisterte sich an einer Seeschlacht, die ihm zu Ehren bei der Isle of Wight inszeniert wurde. Der König lud seinen Gast ein, einer Sitzung des Parlaments beizuwohnen. Peter, um sein Inkognito besorgt, verfolgte den Vorgang durch ein kleines Fenster von einer Galerie aus. Daß hier einem König die Macht beschnitten wurde, gefiel dem russischen Monarchen nicht. Dennoch soll er zu seiner Entourage gesagt haben: *Das ist gut, wenn Untertanen ihrem König offen die Wahrheit sagen, das sollten wir von den Engländern lernen.* (Wenige allerdings haben sich je erkühnt, dem Selbstherrscher Wahrheiten ins Gesicht zu sagen.)

Peters gespanntes Verhältnis zur traditionellen Orthodoxie und sein allgemeines Interesse an anderen Formen des christlichen Glaubens war den Repräsentanten der englischen Nationalkirche zu Ohren gekommen. Sie suchten das Gespräch mit diesem seltsamen jungen Herrscher, dem westliches Wissen so viel bedeutete. Konnte man ihn gar zum Protestantismus bekehren? Der Bischof von Salisbury Gilbert Burnet war erstaunt über die ungewöhnlichen theologischen Kenntnisse des Zaren, dessen frühe Erziehung ja geistlich bestimmt gewesen war. Konversionschancen gab es allerdings nicht. Dem russischen Interesse an westlicher Technologie entsprach nicht unbedingt ein Hang zum Import westlicher Ideen. Diese Erfahrung haben Partner der Russen zu allen Zeiten gemacht. Nach seinen vielstündigen Gesprächen mit dem Zaren hat Bischof Burnet ein sehr kritisches Urteil über Peter gefällt, dem er bescheinigte, die Natur habe ihn wohl eher zu einem Schiffszimmermann als zu einem großen Fürsten geschaffen (s. Zeugnisse). Toleranz in religiösen Fragen hat Peter immer nur dann geübt, wenn die Interessen des Staates durch die Freiheit des Glaubens nicht beeinträchtigt wurden. So blieben der Kontakt mit den englischen Quäkern, deren Versammlungen er besuchte, und ein Zusammentreffen mit William Penn, der dem Zaren seine Schriften überreichte, für Rußland und seine Menschen ohne Bedeutung.

Der Lerneifer und die Kontaktfreude der Russen hatten überall auf dieser Reise freundlichen Beifall zur Folge; ihr Benehmen löste jedoch gerade in England heftiges Mißfallen aus. Rücksichtlos hausten Peter und seine Leute in dem gepflegten Anwesen, das ihnen in Deptford zur Verfügung gestellt wurde. Als die Gäste das Haus nach einem Vierteljahr verließen, waren die Böden so verschmutzt, daß sie erneuert werden mußten; Bilder hatte man als Schießscheiben benutzt, Stühle verheizt, Schlösser erbrochen. Der Rasen war zertrampelt, die Hecke eingerissen. Nachbarn berichteten, daß sich die Fremden mit Schubkarren vergnügten, die in Rußland unbekannt waren. Sie setzten einen der ihren in die Karre und ließen sie in die Hecke sausen. Gelegentlich nahm der Zar persönlich in dem Gefährt Platz.

Ehe Peter I. England verließ, tätigte er noch ein für London und für das russische Staatsbudget gleichermaßen vorteilhaftes Geschäft: Auf den gewaltigen Plantagen Virginias und Marylands in der nordamerikanischen Kolonie gedieh der Tabak, ein Produkt, das in Rußland wegen des Einspruchs der Kirche[29] noch nicht heimisch geworden war. Der Zar ging auf die Vorschläge der Handelsleute ein und verpachtete ihnen für sieben Jahre das Monopol, mit Tabakwaren und Rauchutensilien in seinem Land Handel zu treiben. 12000 englische Pfund als Vorauszahlung bar auf die Hand – das war zugleich ein hochwillkommener Zuschuß zu der arg gebeutelten Gesandtschaftskasse. – Es wurde höchste Zeit, die Reise fortzusetzen. Aus Wien, der nächsten Station, waren beunruhigende Nachrichten gekommen. Der Kaiser wolle, so hieß es, mit den Türken einen separaten Frieden schließen. Anfang Mai war Peter wieder in Amsterdam. Über Dresden und Prag fuhr die *Große Gesandtschaft* bald darauf weiter. An England und an die Engländer hat sich Zar Peter stets mit Vergnügen und Respekt erinnert.

Einen diplomatischen Erfolg konnte Peter auch in der Hauptstadt des Heiligen Römischen Reiches Deutscher Nation nicht verbuchen. Nach dem glänzenden Sieg des Prinzen Eugen von Savoyen bei Zenta an der Theiß war Sultan Mustafa II. friedensbereit. Um des russischen Zaren willen schlug das Haus Habsburg die günstigen Angebote der Türken nicht in den Wind. Die Vision vom Zugang zum Schwarzen Meer, die nach dem Sieg von Asow greifbar nahe schien, war in weite Ferne gerückt. Mit überraschender Kontenance verkraftete Peter die Enttäuschung. Sein kurzes privates Gespräch mit Leopold I., dem Kaiser des Römischen Reiches, und die Verhandlungen mit Kanzler Graf Kinsky verliefen in freundlicher Atmosphäre. Wohl informiert über den Zaren und den bisherigen Verlauf seiner Reise hatten die Wiener Diplomaten schlimme Temperamentsausbrüche erwartet. Statt dessen begegneten sie einem höflichen, ja ehrerbietigen jungen Herrscher mit ausgezeichneten Manieren. Die Stellung des Kaisers, des ranghöchsten weltlichen Vertreters der Christenheit, und die protokollarisch festgefügte steife Würde des Hofes hatten offensichtlich ihre Wirkung nicht verfehlt. Auf dem diplomatischen Parkett, im Umgang mit den Mächtigen der westlichen Welt, hatte Peter mittlerweile dazugelernt. Kardinal Leopold Graf Kollonitsch notierte: «Ein Zar mit wachem hellem Verstand, Manieren eher zivilisiert als wild ... Die angeborene Grobheit allerdings tritt noch zutage, vor allem gegenüber seinen Leuten; die hält er in großer Strenge.»[30]

Venedig sollte das letzte Ziel der *Großen Gesandtschaft* sein. Dort wollte Peter die Kriegskunst der Seerepublik, vor allem die Konstruktion der berühmten Galeeren, studieren. Da traf aus Moskau die Nachricht ein: Vier Regimenter der Strelizen, die an die polnisch-litauische Grenze verlegt worden waren, meuterten und marschierten auf Moskau. Die Nachricht war vier Wochen alt. Der Kreml konnte schon in der Hand der Aufrührer sein. Peter entschied auf der Stelle, die Reise abzubrechen. Er schrieb an Fürst Fjodor Romodanowskij, dem er den Befehl über die Hauptstadt anvertraut hatte: *Der Same Iwan Michailowitschs* (Miloslawskij) *schießt empor. Gehe mit aller Härte vor, nur so kann die Flamme ausgetreten werden ... Schneller als Du denkst werden wir dort sein.*[31] Am 29. Juli 1698 verließ der Zar Wien. In Krakau erreichte ihn die Kunde, daß die Rebellion niedergeschlagen sei. Nun nahm sich Peter noch die Zeit, mit August II., dem neuen polnischen König, zusammenzutreffen. Zu der Begegnung kam es in Rawa bei Lemberg. Der Russe und der rührige, zu derben Scherzen stets aufgelegte Sachse verstanden einander glänzend. In Rawa verdichtete sich der Plan, nun, da den Türken nicht beizukommen war, den Schweden den heiß begehrten Zugang zum offenen Meer abzujagen. Mit dem König von Polen konnte der Zar rechnen.

Eineinhalb Jahre blieb der russische Herrscher seinem Land fern. Peter I. war nicht nur ein *Lernender* gewesen, der westliche Fertigkeiten studierte und nun auch imstande war, sich auf diplomatischem Parkett sicher zu bewegen. Die Jahre der politischen Abstinenz waren vergessen. Peter trat in den Bannkreis der großen europäischen Politik. In Holland, wo der Kongreß von Ryswijk den kurzen Frieden mit Frankreich brachte, traf die Gesandtschaft mit der Creme der europäischen Diplomatie zusammen. Mehr noch: Europa war auf Rußland aufmerksam geworden. Leibniz bescheinigte dem «Grand Tzar des Russes», er sei berufen, zum Besten der Christenheit und ihrer Völker zu wirken.[32] Von der Entdeckungsreise Peters I. an versucht Rußland – bis zum heutigen Tag – die gesamteuropäische Politik mitzugestalten.

Blutgericht

Unangemeldet kehrte Peter I. am Abend des 25. August 1698 nach Moskau zurück. Er mied den Kreml, ließ sich bei seiner Frau, der Zariza[33] Jewdokija, nicht sehen und fuhr über die Ausländervorstadt direkt nach Preobraschenskoje. Wenige Tage später stürzte sich der Zar in jene Orgie von Haß und Rache, die als Vernichtung der Strelizen in die russische Geschichte eingegangen ist. In Folterkammern und unter Galgen begann die neue Zeit, die der Herrscher seinem Land und Volk verordnete.

Auch in der Provinz, wo die Schützen, einst Elitetruppe der Zaren, seit Jahren Dienst tun mußten, war ihr Geist der Rebellion nie verstummt. Die Trennung von den Familien in Moskau steigerte die Unzufriedenheit jener, die nach dem verlustreichen Sieg von Asow nicht triumphierend in der Hauptstadt einziehen durften, sondern an den fernen Grenzen mit Schanzarbeiten oder Wachdienst beschäftigt wurden. Peters lange Abwesenheit nährte die Mißstimmung der Traditionalisten. Peter war ihr Herrscher nicht. Ihr Zar mußte im Kreml thronen, hoch über seinen Untertanen, und nach Gottes Belieben Rußland regieren. Eine behexte, «untergeschobene» Autorität zu beseitigen, war nach der Auffassung vieler die Pflicht eines rechtgläubigen Christen. Den vier Strelizen-Regimentern, etwa zweitausend Mann, die im Juni auf Moskau marschierten, ging es jedoch eher um ihre persönlichen Probleme. Als Peter in Moskau eintraf, war die Meuterei mit der geforderten *Härte* unterdrückt: 130 Strelizen wurden exekutiert, die übrigen erwarteten in den Verliesen der Städte und Klöster die Entscheidung des Zaren.

Entschlossen, ein Exempel zu statuieren, befahl Peter, die Untersuchung wiederaufzunehmen. Das bedeutete zu jener Zeit, in Rußland wie überall, Geständnisse durch die Folter zu erpressen. Im Moskauer Staat wurde die Tortur vor allem durch Knute und Feuer[34] praktiziert. Die Gefangenen wurden nach Preobraschenskoje gebracht, wo am 17. September die Verhöre begannen. Wochenlang waren die Knutenmeister am Werk, brannten die Feuer, in denen die Eisen für die Brandfolter glühten. Der Zar wollte vor allem wissen, ob die Zarewna Sophia, die seit neun Jahren im Kloster lebte, mit den Meuterern in Verbindung stand. Von einer Botschaft der Strelizen und von einem Brief der ehemaligen Regentin war die Rede, die eine Komplicenschaft bestätigten. Beweise aller-

dings gab es nicht. Peter verzichtete auf eine Folterung Sophias, ließ aber Frauen aus ihrer Umgebung mit der Knute schlagen. Glaubt man den durch die Tortur erzwungenen Geständnissen, so hatten die Aufrührer geplant, die Ausländervorstadt niederzubrennen, ihre Bewohner zu töten, den Zaren für abgesetzt zu erklären und Sophia Alexejewna als Regentin für den achtjährigen Zarewitsch Alexej, den Sohn Peters, einzusetzen. So schauerlich wütete der Terror, daß Patriarch Adrian persönlich beim Zaren intervenierte, aber, wie der Sekretär bei der kaiserlichen Gesandtschaft Korb in sein Tagebuch notierte[35], schroff zurückgewiesen wurde. *Was soll das Bild?* schrie Peter den höchsten geistlichen Würdenträger an, der mit einer Marienikone erschienen war. *Verschwinde augenblicklich und bringe es an seinen Platz zurück. Wisse, daß ich Gott und seine allerheiligste Mutter vielleicht ernsthafter verehre als du. Aber meine*

Peter beobachtet die Exekution der Strelizen auf dem Roten Platz. Gemälde von Wassilij Surikow

Pflicht als Herrscher ist es, und eine Pflicht Gott gegenüber, mein Volk vor Schaden zu bewahren und öffentlich Rache zu üben für Verbrechen, die in den allgemeinen Untergang führen. Ende September wurden in Moskau und in Preobraschenskoje Galgen errichtet, Richtblöcke aufgestellt. In der Moskauer Tretjakow-Galerie hängt Surikows berühmtes Gemälde «Der Morgen, an dem die Strelizen gerichtet wurden» (s. Abbildung). Die meisten Hinrichtungen fanden jedoch nicht auf dem Roten Platz, sondern vor den Toren der Stadt und bei den Regimentern statt. Peter persönlich beobachtete die langen Kolonnen, in denen die Verurteilten, jeweils zu zweit, brennende Kerzen in den Händen, gefolgt von ihren laut weinenden Frauen und Kindern, aus Preobraschenskoje herangekarrt wurden. Die ausländischen Gesandten waren eingeladen. Für seine Halbschwester Sophia hatte sich der Zar ein besonderes Schauspiel ausge-

Das Neue Jungfrauenkloster

dacht. 195 Strelizen ließ er rund um das Neue Jungfrauenkloster, Sophias Zwangsdomizil, aufknüpfen. Drei von ihnen baumelten direkt vor dem Fenster der Zarewna; dem in der Mitte wurde ein Blatt Papier an die starre Hand geheftet, es sollte die ominöse Verbindung Sophias zu den Rebellen symbolisieren. (Ilja Repin hat die makabere Szene festgehalten.) Die ehemalige Regentin wurde gezwungen, den Schleier zu nehmen; als Nonne Susanna ist sie 1704 im Kloster gestorben. Bis in den Februar hinein hielten die Exekutionen an. Insgesamt wurden 1182 Strelizen hingerichtet[36]; nur die Minderjährigen ließ der Zar laufen, nachdem er sie mit einem Brandmal hatte kennzeichnen lassen.

Als gesichert kann gelten, daß Peter bei den Folterungen zugegen war und Hand anlegte. Hat er aber auch zur Axt des Henkers gegriffen, wie Zeitgenossen behauptet haben? Amtliche russische und auch die sowjetischen Quellen schweigen, was eher für die Behauptung spricht, der Zar habe die Serie der Exekutionen eröffnet, indem er in Preobraschenskoje fünf Strelizen eigenhändig köpfte.[37] Lefort soll sich geweigert haben, dem Beispiel seines Herrn zu folgen; einige russische Würdenträger sind angeblich weniger skrupulös gewesen. Die Leichen der Hochverräter verpesteten wochenlang die Luft. Schweigend zog das unmündige, rechtlose Volk an ihnen vorbei, dessen Gefühle angesichts der Greuel wir nicht kennen. Die Herrschenden haben es ohnehin nicht befragt, den westlichen Beobachtern war es bestenfalls Statisterie, und auch die Historiker haben ihm kaum ein paar zusammenhängende Sätze gegönnt.

Auch Peters Gemütsbewegungen blieben verborgen, es sei denn, man deutete jähzornige Ausbrüche gegenüber seiner Umgebung als Zeichen verstärkter innerer Erregung. War der Herrscher, der Menschen quälen konnte, ein Sadist? Die Peter-Forschung hat diese Frage eher verneint. Der Zar folterte aus Gründen der Staatsräson, um Informationen über eine Verschwörung zu erhalten, deren Gefährlichkeit ihm bewußt war. Staatsverräter wurden nicht nur in Rußland auf grausame Weise gerichtet, wie uns der Schwede Karl XII. am Beispiel seines Widersachers Patkul noch exemplifizieren wird. Natürlich spielte das Motiv der Vergeltung auch eine Rolle: Das Massaker bei der Roten Treppe, dessen Zeuge der

Sophia im Kloster, während die Strelizen vor ihrem Fenster gehenkt werden. Gemälde von Ilja Repin

Knabe gewesen war, blieb Peter stets gegenwärtig. Rächer zu sein und Richter zugleich, in diese Rolle steigerte sich der Zar hinein. *Wenn du unschuldig warst, habe ich die Schuld an deinem Blut*, war die selbstherrliche Antwort, als ein Deliquent seine Unschuld beteuerte, ehe er den Kopf auf den Richtblock legte.[38] Die abschreckende Wirkung des Terrors schien erreicht. Im Frühjahr 1699 löste Peter die gesamte Strelizen-Truppe auf. Die Schützen und ihre Familien mußten Moskau verlassen.

Die Bärte müssen ab

Kaum hatte Peter nach der Reise russischen Boden betreten, begann er damit, das Land nach seinem Willen umzugestalten. Der Tag, der seiner Rückkehr folgte, bescherte den Repräsentanten der altmoskowiter Gesellschaft Augenblicke des Entsetzens. Gerade hatten sie ihren Herrscher in Preobraschenskoje begrüßt, da ergriff der Zar eine Schere und schnitt den nächststehenden Bojaren eigenhändig die Bärte ab. Als erster war der Oberbefehlshaber Alexej Semjonowitsch Scheïn an der Reihe. Verschont wurden nur der Patriarch und zwei betagte Würdenträger. Kurz darauf, am 1. September, dem russischen Neujahrstag, geschah das gleiche; diesmal wurde der Hofnarr Jakob Turgenjew mit dem Modernisierungswerk betraut.

Bartsteuer eingezogen – als Quittung kupferne Abzeichen

Am Stadttor hängt das neue Kleidungsmuster – Soldaten stutzen Mäntel und Rockschöße

Von alters her war der Bart nach dem Verständnis der orthodoxen Kirche das Merkmal, das den Menschen (den Mann) vom Tier unterschied und ihn zum Ebenbild Gottes machte. Es war noch gar nicht lange her, da wurde das Scheren des Bartes mit kirchlichen und weltlichen Strafen bedroht. Nun also, entrüstete sich Patriarch Adrian, würden alle Rechtgläubigen aussehen «wie die Katzen und die Hunde, wie die Polen und die Ketzer». Allerdings hatte das Bartscheren schon vor Peters radikalem Schnitt in den Städten Eingang gefunden, vor allem bei den «aufgeklärten» Hofbeamten und Offizieren, die mit den glattrasierten Ausländern in Berührung kamen. In Peters Augen waren Bärte unpraktisch und unzivilisiert, sie reizten die Ausländer, sich über die Russen lustig zu machen und sie zu verspotten. Der Zar hatte das gerade im Ausland erlebt; so schritt er eher impulsiv als methodisch geplant zur Tat. Allmähliche Aufklärung war Peters Sache nicht, einer geduldigen Erziehungsarbeit stand sein ungestümes Temperament entgegen. Von jetzt an sollte sich freikaufen, wer seine Gesichtsverzierung behalten wollte. Die Einnahmen aus der *Bartsteuer*[39] würden dabei helfen, einem modernisierten Rußland Geltung in der Welt zu verschaffen.

Das Kloster Mariä Schutz und Fürbitte in Susdal

Die langen und weiten Ärmel der traditionellen Gewänder, die knöchellangen Kaftane, eine Erinnerung an die Mongolenzeit, waren Peter gleichfalls zuwider. Auch sie waren nicht nur unpraktisch, sondern machten ihre Träger in westlichen Augen lächerlich. *Seht her, das Zeug ist euch im Weg*, sagte der Zar zu den Bojaren, die mit ihm tafelten, *ihr stoßt ja die Gläser damit um, tunkt die Dinger in die Sauce.* Und er ließ sich eine Schneiderschere geben und stutzte die Ärmel im Handumdrehen. *Da, laßt Gamaschen daraus machen.* Auch diese Episode hat der Gesandtschaftssekretär Korb festgehalten. Am 4. Januar 1700 wurde die städtische Bevölkerung, die Geistlichkeit wieder ausgenommen, durch allerhöchsten Ukas verpflichtet, die sogenannte ungarische bzw. deutsche Tracht zu tragen. Muster der vorgeschriebenen Kleidung ließ der Zar an den Stadttoren ausstellen. Als dieser Erlaß kundgetan wurde, hatte für die Russen gerade, zum zweitenmal in kurzer Zeit, ein neues Jahr begonnen. Es wurde nun, so dekretierte der Zar, nicht mehr am 1. September, sondern, wie in Westeuropa, am 1. Januar eingeläutet (vgl. den Hinweis am Schluß des Buches).

Vielen alten Sitten rückte Zar Peter zu Leibe. «Bitj tschelom» – die asiatische Gewohnheit, auf die Knie zu fallen und sich vor dem Herrscher so tief zu verneigen, bis die Stirn die Erde berührte, die in Rußland noch immer praktiziert wurde, gefiel dem modernen Despoten nicht. Er verbot diese Unterwürfigkeit und ließ seine Umgebung wissen, daß ihm Zuverlässigkeit, Treue und Diensteifer mehr bedeuteten als sklavische Selbsterniedrigung. Doch die Strenge, mit der der neue Lehrer der Nation den Gehorsam seiner Schüler erzwang, war den Grausamkeiten der Barbaren durchaus vergleichbar.

Im Ausland hatte Peter den Beschluß gefaßt, sich von seiner ungeliebten Frau Jewdokija Fjodorowna in aller Form zu trennen. Da das Kirchenrecht eine Scheidung nicht zuließ, konnte dies nur bewerkstelligt werden, indem sich Jewdokija bereitfand, ihr Leben in einem Kloster zu verbringen. Peter verlor keine Zeit, auch im persönlichen Bereich reinen Tisch zu machen. Die peinliche Befragung der Strelizen hielt ihn nicht davon ab, eine Zusammenkunft mit seiner Ehefrau zu arrangieren. Sie fand an einem «neutralen Ort», im Haus seines Freundes Vinius, statt. Jewdokija weigerte sich ganz entschieden, insbesondere mit Berufung auf ihre Mutterpflichten, dem Ansinnen zuzustimmen. Der Ehemann reagierte so, wie es dem Selbstherrscher angemessen erschien. Am 23. September 1698 wurde der achtjährige Thronfolger Alexej seiner Mutter entrissen und in die Obhut von Peters jüngerer Schwester Natalja in Preobraschenskoje gegeben. Vor dem Kreml fuhr eine schäbige Kutsche vor. Die Fahrt ging ins alte Susdal[40], wo Jewdokija Fjodorowna im Frauenkloster Mariä Schutz und Fürbitte (Pokrowskij monastyrj) als Nonne Helena den Schleier nehmen mußte. Das war, selbst für die patriarchischen Verhältnisse, die nicht nur in Rußland herrschten, ein rohes egoistisches Verhalten. Trotz aller Wesensunterschiede hing Jewdokija offensichtlich sehr stark an ihrem drei Jahre jüngeren Mann. Für Peter indessen, dem die Zarin bei seinen erotischen Amüsements ja nicht im Wege stand, waren die sonst willfährige (und auch eifersüchtige) Ehefrau und ihre gesamte Sippe der Lopuchiny nur eine Verkörperung des verhaßten altmoskowiter Milieus. Er ließ sie verächtlich fallen wie die abgeschnittenen Ärmel einer Bojarenrobe.

Krieg gegen den Norden

Jahrhundertelang hatten Rußland und Schweden um den Küstenstreifen am Finnischen Meerbusen gestritten. Südkarelien, das an Finnland grenzt, und Ingermanland mit dem Mündungsgebiet der Newa waren altes russisches, Nowgoroder Land. Am Ufer der Newa hatte Fürst Alexander Jaroslawitsch 1240 ein schwedisches Heer vernichtend geschlagen. Für diesen Sieg erhielt der russische Nationalheld den Beinamen «Newskij». Im letzten Livländischen Krieg gegen die Schweden Ende des 16. Jahrhunderts waren die Länder am Finnischen Meerbusen und am Ladogasee zwar an Rußland zurückgefallen, die Zeit der russischen Wirren hatte die nordische Großmacht jedoch zu neuen Vorstößen genutzt. Historische Ansprüche auf das Baltikum gab es indessen nicht. Liven, Letten und Esten hatten einst unter deutscher Herrschaft gelebt. Längst war der Staat des Deutschen Ordens zerfallen; Rußland aber war es trotz militärischer Anstrengungen nicht gelungen, sich einen Anteil an der Ostseeküste zu sichern. Als Peter beschloß, den Zugang zum Meer aufzubrechen, den ein Ring schwedischer Festungen versperrte, glaubte er, leichtes Spiel zu haben.

Polen, in Personalunion mit Sachsen, und Dänemark standen für eine antischwedische Koalition zur Verfügung; mit den Türken wurde über einen Friedensvertrag verhandelt. In Stockholm saß Karl XII., ein siebzehnjähriger eigenwilliger Geselle, auf dem Thron, der mehr durch wilde Spiele und rüde Scherze von sich reden machte, als daß er sich in der Kunst der Staatsführung übte. Dieser Nachfahre Gustav Adolfs, des großen Schwedenkönigs, würde, so schien es, das gefürchtete schwedische Heer kaum zu neuen Siegen führen. Diese Einschätzung stützte sich nicht zuletzt auf die Argumente Johann Reinhold von Patkuls, eines livländischen Edelmannes und leidenschaftlichen Patrioten, der seit Jahren davon träumte, seine Heimat von schwedischer Unterdrückung befreit zu sehen, und der in Kopenhagen, Warschau und nun auch in Moskau für seine Sache warb.[41] Zu Beginn des Jahres 1700 griffen Peters heimliche Verbündete an: Ein sächsisches Heer marschierte in Livland ein und versuchte, die Festung Riga im Handstreich zu nehmen; die Dänen gingen daran, das Herzogtum Holstein zu erobern. Der Zar wartete unterdessen auf Nachrichten aus der Türkei. Anfang August wurde aus Konstantinopel gemeldet, der Friede mit dem Sultan sei perfekt. *Ungeduldiger Teufel, der du bist*, sagte Peter in seinem miserablen Holländisch zu Generalmajor von Langen, dem Bevollmächtigten des polnischen Königs, *ist es nun nicht besser, daß wir noch ein bißchen gewartet haben, und jetzt die Hände frei haben, mit aller Macht loszuschlagen. Schreibe also deinem König, daß ich dreißig Jahre Frieden mit dem Türken habe, daß ich am 20. dieses Augustmonats, der zu guter Vorbedeutung den Namen deines Königs trägt, öffentlich mit unserem Feind werde gebrochen haben. Mein vielieber Bruder wird schon sehen, daß ich ein Mann von Wort bin, und mit Gott werden wir noch alles tun, wozu wir uns verbunden haben.*[42] Den Schweden gegenüber ist Peter allerdings kein *Mann von Wort* gewesen. Noch im November des Vorjahres hatte der Zar einer schwedischen Gesandtschaft urkundlich bestätigt, daß die bestehenden Verträge *getreu, fest und unverletzlich* gehalten werden sollten. (Zur gleichen Zeit wurde das geheime russisch-dänische Bündnis ratifiziert.) Persönliches Vertrauen mißbrauchend setzte Peter das Spiel der Täuschungen fort: *Du glaubst doch nicht, daß ich mich darauf einlasse, daß ich einen ungerechten Krieg gegen den König von Schweden beginne und einen Ewigen Frieden breche, den ich gerade bekräftigt habe*, sagte der Zar zur Tochter des schwedischen Bevollmächtigten Thomas Kniper, die dem Monarchen bei dessen Werftbesichtigung in Woronesch von den Sorgen der Eltern und der Schweden in Moskau vor einem russischen Einmarsch in Livland berichtet hatte. Und Kniper, geadelt hieß er Knipercrona, den alten Bekannten aus der Ausländervorstadt, beschwichtigte er am 15. Mai 1700 mit den Worten: *Und wenn der König von Polen Riga in seine Hand bekommen sollte, er wird die Stadt nicht behalten, ich werde sie ihm entreißen.*[43] Zu diesem Zeitpunkt war das vereinbarte Unternehmen gegen die Festung fehlgeschlagen und die Sachsen hatten die livländische Hauptstadt eingeschlossen; Peter aber wartete nur auf das Zeichen aus der Türkei, um seinerseits die Schweden zu attackieren.

Wenig sinnvoll wäre es, die echten, das heißt die politisch durchdachten, und die vorgeschobenen Gründe, die Peter I. zu seinem folgenschweren Angriffskrieg gegen Schweden bewogen, die persönlichen Ressentiments, die das Handeln des Zaren auch bestimmten, bis ins Detail zu untersuchen und einzuordnen. Die russische Historiographie, die sowjetrussische eingeschlossen, hält dem Zaren die Einsicht zugute, nur durch eine direkte Verbindung mit dem Westen, durch die Öffnung nach Europa, habe der Rückstand Rußlands aufgeholt und nur durch den Zugang zur Ostsee, zum Baltischen Meer, habe dieser Traum verwirklicht werden können. Peters Hinterlist, seine Täuschungsmanöver, werden nur jene Leser außer Fassung geraten lassen, die trotz der Erfahrungen unserer «modernen» Zeiten vergessen haben sollten, daß die Moral in Diplomatie und Politik stets eine untergeordnete Rolle spielte und spielt – in allen Ländern, zu allen Zeiten und in allen Systemen.

In Riga hatte sich Peter drei Jahre zuvor von den Schweden brüskiert gefühlt (vgl. Kapitel «Entdeckungen im Ausland»). So sehr gab der empfindliche Monarch seinem sicher nicht gespielten Zorn immer wieder nach, daß er diese *schändliche Behandlung* in seiner Kriegserklärung vom 19. August 1700 erwähnte und auch in seiner *Antwort* an den preußischen König vom Februar 1704 auf die Vorfälle einging: *Nichts anderes hat den Zaren zu diesem Krieg bewogen als die Erbitterung Rigas wegen, wo es nicht nur gegen die Gesandten, sondern gegen seine Person selbst ging, um welcher wahren Sache willen Gott der Herr jetzt durch seine Waffen den größten Teil des – unrechtmäßig entwendeten – Nachlasses der Vorfahren zurückgegeben hat. Seine Majestät war nie und ist auch jetzt nicht ein Liebhaber von Kriegen mit Christen, was deutlich zu sehen sein kann ... Der Unterhalt dieser Häfen hat zwei Gründe: Erstens waren sie vom Ursprung an immer russisch und gehörten niemandem sonst, und zweitens: Welche Kraft haben Staaten, die Häfen besitzen, denn durch diese Arterie kann das staatliche Herz gesünder und einkömmlicher sein (... moschet sdraweje i pribylneje serdze gosudarstwennoje bytj).*[44] Häfen und Handel waren, neben dem Kriegshandwerk, die Leidenschaft des Zaren. Die *feste Grundlage* am – eisfreien – Baltischen Meer, die Peter I. erstrebte[45], würde die ungerechte Blockade Rußlands beseitigen und auch dem russischen Handel eine gesicherte Ausgangsbasis verschaffen, denn ohne sie schlüge das *Herz* des Staates in unregelmäßig schwachen Tönen.

Die ungleichen Alliierten hatten ihren Gegner unterschätzt. Für Karl XII., jetzt achtzehn Jahre alt, war der Überfall eine Herausforderung, der er sich mit geradezu fröhlicher Entschlossenheit stellte. Der König, ausgestattet mit der Machtfülle eines absoluten Monarchen, beschloß, seine Widersacher der Reihe nach zu vernichten. Als Rußland in den Krieg eintrat, war der dänische Verbündete schon aus dem Feld geschlagen. Während die dänische Armee im Süden Jütlands kämpfte, war eine schwedische Streitmacht auf Seeland gelandet und hatte Kopenhagen eingeschlossen. Mit dem Sonderfrieden von Travendal (18. August 1700) schied Dänemark aus der Koalition. August II., genannt der Starke, fühlte sich nun nicht mehr stark genug, dem schwedischen Hauptheer entgegenzutreten. Als Karl XII. livländischen Boden betrat, hatten die Sachsen die Belagerung Rigas aufgehoben und waren in die Winterquartiere abgezogen. Nun konnten sich die Schweden gegen die Russen wenden.

Für Peter persönlich war die Schlacht von Narwa, in der die Russen eine schwere Niederlage erlitten, kein Ruhmesblatt. Entgegen den Wünschen seiner Verbündeten (und Patkuls), die den Russen ihren alten Besitz zugestanden, sie jedoch nicht in Livland und Estland sehen wollten, hatte der Zar sein Heer direkt an die estländische Grenze geschickt. Denn Narwa, die traditionsreiche Hansestadt, durch die der Handel aus Pskow und Nowgorod floß, die Rußland vorübergehend besessen hatte, war in

Karl XII. in der Schlacht von Narwa

den Augen der Moskowiter eine russische und keine estländische Stadt. Doch Narwa, in der Hoffnung auf Entsatz, widerstand den Belagerern. Peter machte sich in den vorderen Gräben nützlich; das Kommando hatte er den ausländischen Experten und den russischen Generalen überlassen. Sein Gegenspieler Karl verlor keine Zeit. Im tiefen Schlamm, die Herbstregen hatten schon eingesetzt, zog der Schwede den viermal stärkeren Russen entgegen. In dieser Situation, vor dem Beginn einer Schlacht, verließ Peter seine Armee. Karl Eugen, dem Herzog von Croy, der eigentlich noch in polnischen Diensten stand, und nicht einmal des Russischen mächtig war, drängte der Zar den Oberbefehl auf. Am Tag darauf griffen die Schweden an: ein Sturm trieb den Russen den Schnee ins Gesicht. Am 20. November 1700 war die Schlacht entschieden, die Masse des russischen Heeres auf der Flucht. Der Herzog von Croy[46] und andere ausländische Kommandeure hatten es eilig gehabt, den Schutz der schwedischen Gefangenschaft zu suchen; sie fürchteten sich vor den eigenen russischen Soldaten, die sich von «den Deutschen» verraten glaubten. Peters Verhalten ist bis heute rätselhaft. Den König von Polen müsse er treffen, hatte der Zar den Offizieren erklärt, eine türkische Gesandtschaft werde erwartet, vor allem aber wolle er sich persönlich um Ver-

Russischer Grenadier zur Zeit Peters I.

stärkungen bemühen. Feigheit, die die Schweden unterstellten, wird nicht im Spiel gewesen sein. Wohl aber das Vorgefühl einer Niederlage, das den Zaren bewog, sich gerade noch rechtzeitig abzusetzen, damit nicht sein Name mit dem Odium des militärischen Mißerfolgs belastet werde, damit er unverzüglich Gegenmaßnahmen treffen konnte. Die Entwicklung des Krieges gab dem Zaren recht; dennoch blieb bei jenen, die die Schattenseiten ihres Idols verdrängten, Verlegenheit zurück.

Was hatten wir denn für eine Armee? Die Garde war bei Asow dabeigewesen, die offene Feldschlacht jedoch hatte sie nicht gekannt. Eingezogen waren die übrigen, die Offiziere und die Soldaten. Ausgehungert waren sie obendrein, denn auf den verschlammten Straßen kam der Nachschub nicht nach. Kurz gesagt, für die Schweden war das ein Kinderspiel, viel Verstand brauchten sie dazu nicht. Sie hatten ein diszipliniertes und erfahrenes Heer, kein Wunder, daß unsere ungeübten Leute schlecht dabei wegkamen ... Jetzt aber, wenn wir zurückdenken, war es Gottes Güte eher als sein Zorn ... Denn das Unglück hat uns freigemacht von der Trägheit, es hat uns zu Fleiß und Arbeit gezwungen, Tag für Tag und in der Nacht.[47] Als der Zar Jahre später, nach der Schlacht von Poltawa, diese Sätze formulierte, war die Großmacht des Nordens, die seinen Träumen im Weg stand, gedemütigt und aus dem Feld geschlagen. Durch eine Anstrengung aller Kräfte, wie sie Rußland bis dahin nicht gekannt hatte – und ohne Rücksicht auf die gewaltigen Leiden des Volkes –, wurde der äußere Feind besiegt und die innere Opposition zertreten. Karl XII. war nicht der letzte in der Geschichte, der sich über die russischen Möglichkeiten, die Folgen eines Rückschlags zu überwinden, einer Täuschung hingab und die Regenerationsfähigkeit Rußlands zu gering einschätzte.

Mit Schiffen vor allem, wie damals bei Asow, war es nun nicht mehr getan. Die *Anwerbung Freiwilliger für den Soldatendienst* erbrachte nicht genügend Menschenmaterial. Ein Quotensystem wurde eingeführt, das die Gutsbesitzer verpflichtete, Leibeigene als Rekruten zu stellen; im Laufe der Jahre wurden neue Personengruppen quotenpflichtig, Hofbedienstete, Handwerker, städtische Gewerbetreibende. Dieses System kam einer allgemeinen Wehrpflicht gleich, die Westeuropa noch nicht kannte. In Feldlagern ließ Peter die jungen Soldaten drillen, ehe sie zu den Regimentern kamen. Ausländische Offiziere waren noch immer das Rückgrat der Armee; langsam konnte die russische Adelsjugend sie ersetzen. Nur Alte und Versehrte wurden aus der Armee entlassen. Bei Narwa war die Artillerie verlorengegangen. Peter zögerte nicht, den geistlichen Besitz anzutasten; aus jeder dritten Kirche des Landes wurde die Glocke entfernt und in die Gießerei geschafft. *Um Gottes willen, beeile dich mit der Artillerie*, schrieb Peter dem alten Mitstreiter Vinius, dem er die Verantwortung für das Geschützwesen übertragen hatte, *die Zeit ist wie der Tod.*[48] Ein Jahr nach Narwa standen 300 neue Kanonen bereit, und der betagte Andrej Andrejewitsch Vinius machte sich auf den Weg, um seinem Zaren jenseits des Urals neue Eisenerzlager zu erschließen. Der Krieg gegen Schweden, der gerade erst begonnen hatte, veränderte Rußland auf vielerlei Weise.

Karl XII. hielt die Russen für derart geschwächt, daß er sich gegen Polen wandte. Die polnisch-sächsische Kampagne und das Gerangel um die Vergabe des polnischen Throns fesselten den schwedischen König so, daß sieben Jahre vergingen, bis Karl Zeit fand, sich wieder dem russischen Gegner zuzuwenden.

Peter seinerseits kehrte überraschend schnell zur offensiven Kriegführung zurück. Im Sommer 1702 waren Livland und Estland, mit Ausnahme der befestigten Plätze, in russischer Hand. Furchtbar hausten die Truppen Scheremetjews, des altgedienten Heerführers und Diplomaten, den Peter zum Generalfeldmarschall beförderte, in dem von schwedischen Soldaten entblößten Gebiet. Es ging dem Zaren darum, die Grundlage der schwedischen Kriegführung zu zerstören, das Schicksal der unglücklichen Bevölkerung kümmerte ihn dabei nicht. Der Zar an Scheremetjew: *Wenn Gott Glück gibt, weiter vorstoßen und ihr Land so weit wie möglich bis nach Kolywanj* (Reval) *hin verwüsten ... damit es dem Feind unmöglich wird, seinen Städten Zuflucht und Beistand zu gewähren.*[49] Scheremetjew an den Zaren: «Wir haben alles wüst und leer gemacht ... wohin mit den Gefangenen? Die Kerker sind voll, und überall sind ... Leute gefährlich, weil sie erbittert sind ... Hundert einheimische Familien habe ich ausgewählt, die besten Leute, die mit der Axt umgehen können, oder sonstige Fertigkeiten haben. Wir schicken sie nach Asow.»[50] Peter fand das völlig in Ordnung: *Boris Petrowitsch*, schrieb er nach Moskau, *ist in Livland gehörig und ausgiebig zu Gast gewesen.*[51] Patkuls Protest gegen die Grau-

Sturm auf die Festung Nöteborg

Generalfeldmarschall Scheremetjew

samkeiten, den er im Namen Augusts II. in Moskau vortrug, verhallte ungehört. Die planmäßigen Verheerungen schienen darauf hinzudeuten, daß Peter I. Livland und Estland damals noch nicht behalten wollte, jene schwedischen Provinzen, die er seinem sächsisch-polnischen Verbündeten gerade vertraglich zugestanden hatte.[52]

Unter den Zivilisten, die es mit den Eindringlingen zu tun bekamen, war die siebzehnjährige Bauerntochter Martha Skawronskaja (später Katherina Alexejewna). Das Mädchen, polnisch-litauischer Herkunft, hatte sich im livländischen Marienburg im Hause eines lutherischen Pastors verdingt und war eigentlich mit einem schwedischen Dragoner verlobt (oder verheiratet). Sie wechselte ins russische Lager und machte dort schnell Karriere. Peter lernte sie 1703 durch seinen intimen Freund Alexander Menschikow kennen. Als zweite Ehefrau des Zaren und als Nachfolgerin Peters des Großen ist Katharina I. in die russische Geschichte eingegangen.

Nicht weniger erfolgreich, wenn auch rücksichtsvoller gegenüber der einheimischen Bevölkerung, verliefen Peters Unternehmungen im alten russischen Ingermanland (links der Newa). *Daß aber unterwegs zerstört und gebrannt worden ist, das ist uns nicht sehr angenehm … in den Instruktionen steht, daß nichts angetastet werden darf.*[53] Im Herbst 1702 wurde die schwedische Festung Nöteborg gestürmt, die, im Ausfluß der Newa aus dem Ladogasee gelegen, den uralten Wasserweg zur Ostsee sperrte. Der Zar gab dem strategisch wichtigen Punkt den deutschen Namen *Schlüsselburg*, um deutlich zu machen, daß der Besitz der Festung den Weg zum Meer *aufschloß. Wirklich, diese Nuß war sehr hart, doch ist sie gottlob glücklich aufgebissen.*[54] Peter persönlich leitete die Operation; tapfere Soldaten zeichnete er aus, andere brachte er wegen Feigheit an den Galgen. Ein halbes Jahr später, am 1. Mai 1703, fiel die kleine Festung Nyenschanz nahe der Mündung der Newa in den Finnischen Meerbusen. Peter und seiner Mannschaft gelang es zudem, zwei schwedische Schiffe zu kapern. *Nichts anderes kann ich schreiben als Gott Lob und Dank* (*slawa, slawa, slawa Bogu*) *dafür, daß unsere Standarte hier aufgerichtet ... für diese* (gemeint ist die Kaperung der Schiffe) *noch nie dagewesene Victoria.*[55] Und im Gefühl seines Triumphs ließ der Zar sich und Menschikow, der ebenfalls bei Nyenschanz dabei war, den Andreasorden überreichen, den er selbst 1698 gestiftet hatte.

Jetzt ging Peter daran, das Gewonnene abzusichern. Die Festung, die er mitten im Mündungsdelta der Newa errichten ließ, war Keimzelle und Kern einer neuen Stadt, seiner Stadt Petersburg, der künftigen russischen Metropole.

Poltawa

Auch die moderne sowjetische Historiographie[56] rühmt Peters strategische Kunst, die seiner Zeit weit voraus gewesen sei. Nicht die eine kriegsentscheidende Schlacht war seine Konzeption, sondern der geschmeidige Einsatz aller verfügbaren Mittel – zu Lande und auf dem Wasser – je nach der entstandenen Lage. Gegenüber dem durch Erfahrung überlegenen Feind setzte er auf allmähliche militärische Vervollkommnung durch Einzelaktionen und Nachhutgefechte. Durch Erfolge ließ er sich nicht verführen, aus Niederlagen zog er, wie Asow und Narwa zeigten, richtige Schlüsse von prinzipieller Bedeutung. Mehr und mehr nahm der Zar auch die direkte militärische Führung in seine Hand. Er bestand auf schneller und genauer Ausführung seiner Befehle, hielt jedoch gleichzeitig die Generale an, *nach eigener Beurteilung* zu verfahren (und stürzte so seine Untergebenen in Konflikte). Der Moral der Truppe half Peter auf seine Weise nach, mit Auszeichnungen, Rangerhöhung und Geldgeschenken für diejenigen, die sich bewährten, mit körperlicher Züchtigung oder der Todesstrafe für jene, die ihm nicht mutig genug erschienen.

Peter nahm die Kampagne gegen die baltischen Provinzen Schwedens wieder auf. Dorpat fiel, *diese ruhmreiche vaterländische Stadt*, die Iwan IV. einst Rußland zurückgewonnen und wieder verloren hatte; der Zar war nicht gewillt, sie noch einmal in polnische Hände fallen zu lassen. Die

Masepa

Scharte von Narwa wurde ausgewetzt. Diesmal war Peter zur Stelle, als die Entscheidung anstand. Am 9. August 1704 nahmen russische Soldaten die Stadt im Sturm, nachdem der schwedische Kommandant Horn eine Kapitulation brüsk abgelehnt hatte. Bezeugt ist, daß der Zar das Plündern und Morden, dem auch die Frau des Kommandanten zum Opfer fiel, mit eigener Hand beendete. Er ließ Horn kommen, ohrfeigte ihn und schrie ihn an: *Du, du allein bist schuld an dem vielen unnötig vergossenen Blut, hättest schon längst die weiße Fahne zeigen sollen, denn Sukkurs hattest du nicht zu erhoffen, auch andere Rettung gab es nicht. Da* – er schlug seinen blutigen Degen auf den Tisch – *das ist russisches und nicht schwedisches Blut, meine eigenen Soldaten habe ich zurückgehalten, um die armen Einwohner zu retten. Deine Sturheit hat sie ohne Not auf die Schlachtbank gebracht.*[57]

Peters Siege störten Karl XII. wenig. In Polen beherrschte der Schwede den Kriegsschauplatz; mit den Russen, glaubte er, würde er später leicht fertig werden. Warschau und Krakau öffneten die Tore; von schwedischen Gnaden wurde ein polnischer Gegenkönig etabliert. Die Schweden marschierten in Sachsen ein. Dann endlich war August II. in die Knie gezwungen. Im Frieden von Altranstädt bei Leipzig (Oktober 1706) büßte der Sachse die polnische Königswürde ein, und Peter verlor seinen

Verbündeten. (Damit war auch das Schicksal jenes heimatlosen livländischen Patrioten entschieden, der, ein Opfer von Intrigen, in einem sächsischen Kerker gelandet war: Johann Reinhold von Patkul wurde dem Schwedenkönig ausgeliefert und durch Richterspruch zu Tode gefoltert.[58]) Nun erst ließ sich Karl auf einen Rußland-Feldzug ein. Mühsam bahnten sich die Schweden durch die weißrussischen Sümpfe und Wälder einen Weg in ihr Winterlager. Im Schlamm des Frühjahrs (1708) brach der Vormarsch wieder zusammen. Karl XII. widerfuhr, was jeder Angreifer in Rußland erlebte: Nichts Brauchbares hatten die Russen zurückgelassen, Getreide- und Futtervorräte gab es nicht, das Vieh war weggetrieben; Partisanen attackierten die feindliche Armee. Im Norden und Osten stießen die Schweden auf verlassene niedergebrannte Dörfer; eine tote Zone breitete sich vor ihnen aus. In dieser Situation schwenkte der König sein Heer nach Süden, in Richtung Ukraine (September 1708). Dort versprach er sich Verpflegung für seine ausgehungerten Soldaten und einheimische Hilfe. Die Hoffnung war Iwan Stepanowitsch Masepa, Hetman der ukrainischen Kosaken, Untertan des Zaren, dem Peter bis zuletzt vertraute, obwohl ihm von verräterischen Umtrieben des Kosakenführers berichtet worden war. Unzufriedenheit herrschte in Kleinrußland.[59] Das freie Kosakentum jener Russen, die einst vor der Willkür ihrer Herren ins Grenzgebiet geflohen waren, gab es dort praktisch nicht mehr. Der Oligarchie einer privilegierten Kriegerkaste, vermögenden kosakischen Grundbesitzern, zu denen auch Masepa gehörte, stand die Masse der einfachen Kosaken und der bäuerlichen Bevölkerung gegenüber. Zwanzig Jahre lang hatte Masepa, zur Zufriedenheit seiner Moskauer Oberherrn, für Ruhe und Ordnung gesorgt. Jetzt, glaubte er, werde ein Traum in Erfüllung gehen: die staatliche Unabhängigkeit, die der Ukraine – eingekeilt zwischen den Interessen Polens und Großrußlands – bisher nicht vergönnt gewesen war. Mit Hilfe der Schweden konnte dieses Ziel möglicherweise erreicht werden. Ein Sieg Karls schien Masepa nicht ausgeschlossen. Als sich das schwedische Heer unerwartet nach Süden wandte, mußte sich der Hetman, der immer wieder zögerte, entscheiden. Er setzte auf Peters Feind und erschien mit kaum zweitausend Reitern im schwedischen Lager. Doch die Hoffnungen Karls und seines neuen Verbündeten erfüllten sich nicht. Der erwartete Aufstand der Ukraine gegen die Moskowiter blieb aus; das Volk hielt zum Zaren, der die politische Bedeutung von Masepas Verrat erkannte und geschickt an die religiösen Gefühle der orthodoxen Bevölkerung appellierte. *In ihre lutherischen und uniierten Kirchen werden sie euere Gotteshäuser verwandeln ... wie zuvor wird euer Land polnischer Gewalt unterworfen sein*, hieß es in einer Proklamation *an das ganze kleinrussische Volk*.[60] Ein neuer Hetman wurde gewählt; der Metropolit von Kiew vollzog den Befehl des Zaren und sprach den Kirchenfluch über Masepa, *diesen zweiten Judas*, aus. Menschikows Truppen machten – *den Verrätern zum Zeichen* – Masepas Stützpunkt Baturin dem

Die Schlacht von Poltawa

Erdboden gleich. Der stolze Hetman war zu einem Flüchtling geworden, der bei den Feinden des Vaterlandes Schutz suchte. Des Schwedenkönigs Sache aber ist verloren, noch ehe der härteste Winter hereinbrach, den das Jahrhundert erleben sollte, ehe die entscheidende Schlacht begann, zu der auch Peter jetzt, entgegen der üblichen russischen Taktik, entschlossen war.

Krieger! Nun ist die Stunde gekommen, die das Schicksal des Vaterlandes entscheidet. Denkt nicht daran, daß ihr für Peter kämpft, sondern für den Staat, der in Peters Hand gegeben ist, daß ihr kämpft für euer Geschlecht, euere Heimat, und für den rechten Glauben. Und laßt euch nicht in Verwirrung stürzen durch den Ruhm des Feindes, unbesiegbar sei er, denn ihr selbst habt stets aufs neue solche Lüge widerlegt, durch eure Siege über ihn. Und was Peter betrifft, so wisset: Ihm ist sein Leben nicht teuer, wenn nur Rußland lebt, in Glück und Ruhm zu euerem Wohl. Peters Worte vor Poltawa – russische Schulkinder sagen sie auf, die Historiker haben sie gründlich analysiert.[61] Am 27. Juni 1709 befahl Karl den Angriff. Auf einer Bahre ließ sich der König in die Linie tragen, zehn Tage zuvor war er am Fuß verwundet worden. (Das schwedische Heer schmolz zusammen, Verstärkung und Nachschub kamen nicht durch, Verbündete stellten sich

Karl XII. von Schweden

nicht ein – bei alldem war Karl XII. zuversichtlich geblieben. Ihn, den Krieg, Sieg und sonst nichts interessierten, schreckten die Zeichen nicht und auch nicht die Not seiner Soldaten.[62]) Peter hatte sich eine neue Taktik ausgedacht: ein Redoutensystem auf freiem Feld. Die Schanzen bedeuteten Zeitgewinn; sie mußten durchbrochen werden, ehe die eigentliche Schlacht begann. Zwei Stunden dauerte die Attacke, im Feuer der russischen Artillerie brach sie zusammen. Die gefürchtete schwedische Infanterie wich zurück, wandte sich zur Flucht. Drei Tage später kapitulierte General Lewenhaupt und zog mit dem Rest der Armee in Gefangenschaft. König Karl verließ seine Soldaten und floh über Dnjepr und Südlichen Bug auf türkisches Territorium. Masepa begleitete ihn, er starb noch im selben Jahr im Exil.

In Peters Zelt wurde der Sieg gefeiert; die kriegsgefangenen schwedischen Generale waren zugegen. Als der Geschützsalut krachte, erhob Peter sein Glas: *Ich trinke auf das Wohl derjenigen, die mir Lehrmeister der Kriegskunst waren. Sie waren es, meine Herren Schweden.*[63] Dem zehn Jahre jüngeren König hat Peter stets Achtung und Sympathie bezeugt, ihm allerdings auch seinen Stolz und Eigensinn vorgehalten: Als nach dem einundzwanzigjährigen Krieg gegen den Norden Frieden geschlossen werden sollte, meinte der Zar, der nun zum *Imperator* wurde: *Zwei Frieden offerierte ich meinem lieben Bruder Karl, einen Notfrieden und einen generösen Frieden. Beide hat er mir abgeschlagen. Nun mögen die Schweden den dritten, einen Zwangs- oder Schandfrieden, mit mir haben.*[64] Zu diesem Zeitpunkt allerdings war der Schwedenkönig schon drei Jahre tot. Als Peter die Nachricht erhielt, sein Gegenspieler sei gefallen, kamen ihm die Tränen: *Ach, Bruder Karl, wie bedauere ich dich!*[65] Und er ließ den russischen Hof Trauer tragen.

Für Rußland war Poltawa mehr als nur ein Sieg über das legendäre schwedische Militär. Das Prestige Schwedens als europäische Großmacht blieb angeschlagen. Moskau machte Stockholm die beherrschende Position im baltischen Raum streitig und sicherte sich einen dauerhaften Platz im politischen Spiel der Großen des Kontinents. Peter selbst erhöhte sich zu einer von *Gottes Segen* begleiteten, ja göttergleichen Gestalt, als er, gemäß dem Brauch seiner Zeit, ein Beispiel aus der klassischen Mythologie bemühte: *Kurz gesagt, Phaethons Schicksal hat die Armee unseres Feindes erlitten.*[66] Und er wies auf jenen Ort, an dem nach seinem Willen das Herz eines erneuerten Rußland schlagen sollte: *Nun ist, mit Gottes Hilfe, der Schlußstein gesetzt, die Gründung Sankt-Peterburgs vollendet.*[67]

St. Petersburg

Stolz dachte er:
Von hier aus drohen wir dem Schweden
Hier werde eine Stadt am Meer,
Zu Schutz und Trutz vor Feind und Fehden.
Hier hatte die Natur im Sinn
Ein Fenster nach Europa hin[68],
Ich brech' es in des Reiches Feste;
Froh werden alle Flaggen wehn
Auf diesen Fluten, nie gesehn
Uns bringend fremdländische Gäste.
A. S. Puschkin: «Der eherne Reiter», 1833

Zunächst plante Peter ein Bollwerk, das seinen Zugang zum Meer schützen sollte. Doch war die Festung, die das Mündungsdelta der Newa beherrschte, zugleich der Kern einer Stadt. *Sankt-Piterburch* wurde am 16. Mai 1703 gegründet, an jenem Tag, an dem auf der kleinen Sajatschij-(Hasen-)Insel die Schanzarbeiten begannen. Den Aposteln Peter und Paul war eine Kirche geweiht, die innerhalb der Wälle entstand; sie gaben auch dem Festungswerk den Namen. Der Zar nannte den Ort, der nun aus Sümpfen und Wäldern im Nebel wuchs, nach seinem Namensheiligen. Aus *Sankt-Piterburch* wurde *Sankt-Peterburg*; ein fremder, ausländischer Name wurde den Russen für ihre künftige Hauptstadt oktroyiert. Auch den privilegierten Untertanen des Selbstherrschers ist St. Petersburg lange fremd, ja verhaßt gewesen, wurden sie doch gezwungen, fern von Moskau in einer unwirtlichen Gegend zu leben, in einem künstlichen Gebilde am Rande des Reiches, in Häusern, deren Lage, Größe und Aussehen nicht sie selbst wählten, sondern der Zar bestimmte.[69] Für diejenigen aber, die Peters *Paradies* schaffen mußten, war St. Petersburg die Hölle, ihnen bedeutete die Stadt an der Newa den tausendfachen Tod. Arbeitskräfte, vor allem Bauern, wurden aus allen Teilen Rußlands zur Baustelle getrieben. Unterkünfte und Werkzeuge gab es kaum, oft war die Verpflegung knapp. Barfuß standen die «rabotnyje ljudi», die Arbeitsleute, im brackigen Wasser, ohne Schubkarren bewegten sie die Erde, in armseligen Körben oder in den Schößen ihrer langen Röcke. Sumpffieber, Ruhr und Skorbut forderten ihre Opfer. Es habe wohl kaum eine einzelne

Schlacht gegeben, schrieb der Historiker Kljutschewskij zweihundert Jahre später, die mehr Kriegern das Leben gekostet hätte, als es Arbeiter gab, die beim Bau Petersburgs und Kronstadts ihr Leben lassen mußten. Doch eine Statistik des Todes wurde nicht geführt.[70]

Durch die Leiden seiner Untertanen ließ sich Peter nicht beirren. Die Widrigkeiten der Natur forderten ihn zu neuer, übermütiger Kraftanstrengung heraus. Tief am Wasser, in Meereshöhe gelegen, wurden die noch ungeschützt aneinandergereihten menschlichen Behausungen regelmäßig von Überschwemmungen heimgesucht. *Aus dem Paradies oder Sankt-Piterburch* schrieb Peter am 11. September 1706 an Menschikow: *Vorgestern gab es hier einen Sturm, aus West-Südwest, Wassermassen hat der hochgetrieben, die sah man nie zuvor. Mein Haus war 21 Zoll hoch überschwemmt. In den Gärten und auf den Straßen fuhren die Leute in Booten herum. Doch das Wasser blieb nicht lange, weniger als drei Stunden. Unterhaltsam war das, die Leute zu beobachten, nicht nur die Bauern, auch ihre Weiber, wie sie auf den Dächern und in den Bäumen hockten als sei die Sintflut gekommen. Großen Schaden aber hat es nicht gegeben.*[71] *Unterhaltsam* fanden das nur wenige. Peter selbst war das wohl bewußt. Noch im Sommer 1719 meinte er, zu einigen älteren Würdenträgern gewandt: *Ich weiß, die Menschen lieben Sankt-Peterburg nicht, anzünden werden sie die Stadt und die Flotte sobald ich tot bin, aber solange ich lebe, halte ich sie hier fest, sie sollen spüren, ich bin Zar Peter Alexejewitsch.*[72]

Doch die Stadt blühte auf. Westeuropäische Architekten wurden verpflichtet, unter ihnen Andreas Schlüter, der allerdings starb, ehe er für Petersburg wirken konnte, oder Domenico Trezzini, der Baumeister aus

Petersburg zur Zeit der Gründung

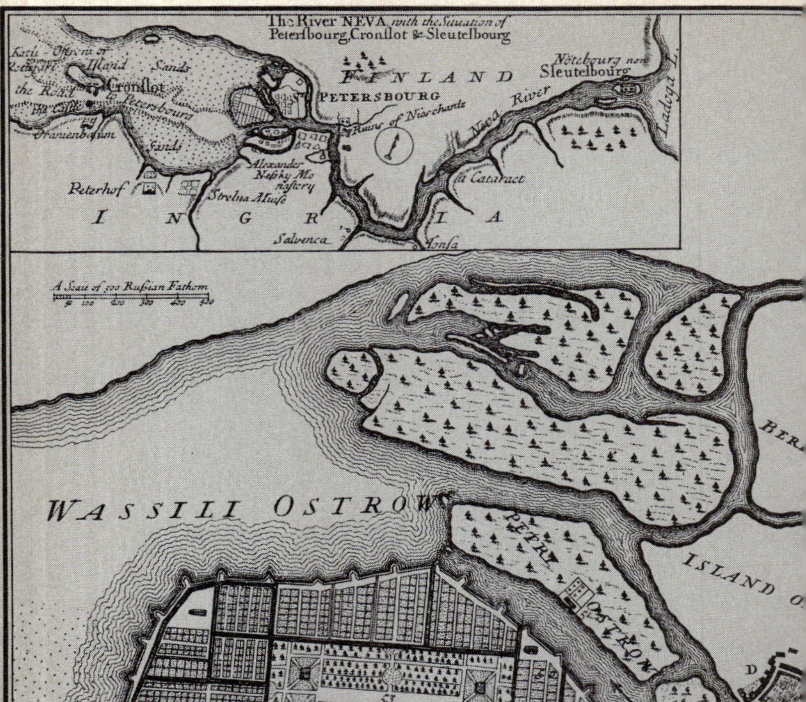
The River NEVA with the Situation of
Petersbourg, Cronslot & Sleutelbourg
Cronslot
FINLAND
PETERSBOURG
Sleutelbourg
Neva River
Ladoga L.
Peterhof
INGRIA
Salvenca
Cataract
Sands
A Scale of 500 Russian Fathom
WASSILI OSTROWS
ISLAND O

St. Petersburg. Stadtplan von 1716

dem Tessin. Wenige frühe Bauten blieben erhalten, so Trezzinis Peter-und-Pauls-Kathedrale. Mit ihrem vergoldeten nadelgleichen Turmaufsatz ist die 122 Meter hohe Festungskirche ein Wahrzeichen auch des heutigen Leningrad. Am eifrigsten war der Bauherr selbst. Peter kümmerte sich um alles, er interessierte sich für das kleinste Detail. Der Zar bestellte Bäume und Statuen, Blumen – *besonders solche, die duften* – und Singvögel, Glockenspiele und Kirchenuhren. Er bestimmte das Baumaterial[73], skizzierte Straßen, Häuser und Parkanlagen.

Geschichtslos war die Erde nicht, die Peter mit Leben erfüllte. Am Ufer der Newa hatten Russen und Schweden schon fünfhundert Jahre zuvor gegeneinander gekämpft. Dort, wo Alexander Newskij 1240 das schwedische Kriegsvolk schlug, ließ Peter ein Kloster errichten. Er ordnete an, die sterblichen Überreste des Nationalhelden aus dem alten Wladimir an die Newa zu überführen. In feierlicher Zeremonie wurde die Reliquie Alexanders, den die Russisch-orthodoxe Kirche heilig gesprochen hatte, in einer Klosterkirche beigesetzt. (Seit 1922 hat der silberne Sarkophag in der Ermitage seinen Platz gefunden.) Auf solche Weise stellte sich der Reformerzar, der Rußland zum Mißfallen vieler seiner Untertanen umstülpte, der russisches Leben bis zur Unkenntlichkeit verwandelte, sogar als Bewahrer von (militärischen) Traditionen dar. Am Ende des berühmten Newskij-Prospekts gelegen, wurde das Alexander-Newskij-Kloster zu einer der größten Klosteranlagen, die es in Rußland gab. In seinen Nekropolen ruhen Persönlichkeiten, die den Ruhm russischen Geisteslebens und russischer Kultur in die Welt getragen haben:

Petersburg in der Gründerzeit: Festung Peter und Paul mit der Kathedrale . . .

... und die Admiralität

Lomonossow, Dostojewskij, Mussorgskij, Tschajkowskij, Rimskij-Korsakow. –

Peters Träume gingen in Erfüllung. Seine Stadt war sechs Monate alt, da tauchte das erste Handelsschiff, ein Holländer, in der Newa-Mündung auf. Es war schon November, und das erste Eis hatte sich gebildet, aber nie hätte der Segler zu dieser Jahreszeit das Nordmeer bezwingen und Archangelsk erreichen können. Nun hatte Rußland seinen Hafen, der Westeuropa nahe lag. Jetzt konnte *das staatliche Herz gesünder und einkömmlicher* schlagen, wie Peter den preußischen König wissen ließ. Beim Blick auf Warenstapel und Schiffe war der Zar glücklich. Die ausländischen Kapitäne wurden belohnt und reich bewirtet. Mit Vorzugszöllen und Prämien suchte Peter den Handel vom Weißen Meer zur Ostsee umzuleiten. Die russischen Kaufleute wurden angewiesen, gewisse Güter nur noch über Petersburg abzusetzen. Am linken Newa-Ufer, schräg gegenüber den Bastionen von Peter und Paul, entstand eine Werft. Peter selbst bestimmte den Platz, den er *Admiralitätshof* nannte. Nur solche Personen, die auf der Werft arbeiteten oder in der Flotte Dienst taten, durften dort ihren Wohnsitz nehmen. Peter bezog hier sein Winterquartier, ein Häuschen im holländischen Stil, aus dem unter den Nachfolgern schließlich die prunkvolle Residenz, der Winterpalast, entstand. Als *Peter Alexejew, Schiffsmeister* ließ sich der Zar ein Grundstück zuweisen. Seinen Fuß hatte der Russe ans Meer gesetzt. Gesichert war der Stützpunkt aber erst, wenn die schwedische Vormacht gebrochen war, denn noch wurde Krieg geführt im baltischen Raum.

Sieg über die Schweden

Bei Poltawa wurden die Schweden geschlagen, aber sie waren nicht besiegt. Karl XII., der Asylant in der Türkei, suchte den Sultan zum Krieg gegen Rußland zu bewegen. Die Truppen des Zaren waren unterdessen dabei, St. Petersburg mit einem *kräftigen Polster* zu versehen. Wyborg, die schwedische Festung in Karelien, kapitulierte am 13. Juni 1710. *Und so wurde*, mit dem Besitz der karelischen Landenge, *für St. Petersburg endgültig die Sicherheit gewonnen.*[74] Riga fiel nach achtmonatiger Belagerung am 10. Juli; Reval, wo die Pest mehr Opfer forderte als der Krieg, ergab sich Ende September. Jetzt war auch das Südufer des finnischen Meerbusens in russischer Hand. *Und so sind Livland und Estland ganz vom Feind gesäubert. Mit einem Wort: Links von der Ostsee besitzt der Feind nun weder eine einzige Stadt noch ein Stückchen Land. Und so obliegt es jetzt uns, Gott den Herrn nur noch um einen guten Frieden zu bitten.*[75] Auf den Frieden allerdings mußte das russische Volk noch zehn Jahre warten.

Einen neuen Feldzug gegen die Türken hatte Peter vermeiden wollen. Als das Osmanen-Reich Rußland den Krieg erklärte (November 1710), setzte der Zar auf jene christlichen Glaubensbrüder, Moldauer, Walachen, Südslawen, die unter dem Joch der Muslime litten. Er raffte ein Heer zusammen und zog in Richtung Donau. Aber die Russen hatten sich verschätzt: einen allgemeinen Aufstand gegen die Türken gab es nicht. Nur der Moldau-Fürst Cantemir stellte Truppen zur Verfügung, und in den fernen Schwarzen Bergen griffen die Montenegriner zu den Waffen. In seinem Lager am Pruth war Zar Peter von einer Übermacht eingeschlossen (Juli 1711). *Fürwahr, niemals seit ich anfing zu dienen, waren wir in solcher Verzweiflung (... w takoj disperazii nje byli).*[76] In dieser aussichtslosen Lage trat der erfolgsgewohnte Kraftmensch in den Hintergrund, und der labile Gemütszustand des Sinnenmenschen wurde offenbar. Peter ließ seinen Tränen freien Lauf, und er tat dem Senat in Petersburg kund:

Ich berichte euch hiermit, daß ich mich mit meiner ganzen Armee, ohne unsere Schuld oder Versehen, lediglich durch erhaltene falsche Nachrichten, von einer viermal so starken türkischen Macht eingeschlossen und von allem Proviant abgeschnitten befinde. Dergestalt, daß ich ohne besondere göttliche Hilfe nichts als unsere gänzliche Niederlage voraussehen kann, oder daß ich in türkische Gefangenschaft gerate. Sollte der letztere Fall geschehen, so sollt ihr mich nicht für den Zaren, euern Herrn, halten und nichts erfüllen, was etwa von mir, und wenn es auch mein eigenhändiger

Festlicher Umzug in Petersburg zur Feier des Friedens von Nystad, 1721

Befehl wäre, an euch gelangen möchte, bis ich selbst in Person wieder bei euch sein werde. Sollte ich aber umkommen und ihr die gewisse Nachricht von meinem Tod bestätigt erhalten haben, so sollt ihr unter euch den Würdigsten zu meinem Nachfolger erwählen.[77]

Doch das russische Heer entging der Vernichtung. Konstantinopel ließ sich auf Verhandlungen ein. Der Zar war bereit, für Frieden und freien Abzug einen hohen Preis zu zahlen. Alle eroberten Gebiete hätte er zurückgegeben, nur nicht Ingermanland, das heißt St. Petersburg. Die Türken waren jedoch, überraschend genug, mit Asow zufrieden. Erst Katharina II. hat die Küsten des südlichen Meeres endgültig für Rußland gewonnen.

Der Krieg zog sich in die Länge. Alte Allianzen wurden erneuert (Polen, Dänemark), neue Koalitionen geschlossen (Hannover, Preußen). Russische Truppen zogen durch Pommern, kämpften in Finnland. Das schwedische Reich brach auseinander. Den Seesieg von Hangö (Juli 1714) feierte Peter als einen Triumph der jungen russischen Flotte. Friedensgespräche begannen und wurden durch König Karls Tod[78] unterbrochen. Trotz englischer Flottenhilfe für die Schweden gingen russische Kommandoeinheiten bei Stockholm an Land. Im Frieden von Nystad (30. August 1721) sicherte sich Rußland die Küsten des Finnischen und des Rigaer Meerbusens mit einem Teil Kareliens (Wyborg), Ingermanland, Estland (Narwa und Reval) und Livland (Riga) mit den Inseln Ösel und Dagö.

Für Livland zahlte Peter den Schweden zwei Millionen Reichstaler. Er verdeutlichte so den historischen und rechtlichen Unterschied zwischen seinen *Erbländern*, der wiedergewonnenen alten Russischen Erde, und den neuerworbenen baltischen Provinzen. Nun war das Fenster zum Westen aufgebrochen, das Ziel des einundzwanzigjährigen Krieges erreicht, Rußland durch die Öffnung nach Europa den Weg aus der Rückständigkeit zu bahnen. Peter I., sagt die russische Geschichtsschreibung, habe sich nur das genommen, was für eine normale Entwicklung des Landes unbedingt notwendig gewesen sei.[79]

Neun Jahre nach seiner Gründung war St. Petersburg 1712 zur russischen Hauptstadt proklamiert worden. Am 20. Oktober 1721 traten an der Newa der Senat und der Heilige Synod zusammen, die höchsten weltlichen und geistlichen Instanzen, die Peter eingesetzt hatte. Die Repräsentanten von Staat und Kirche offerierten dem Zaren den Titel: *Vater des Vaterlandes, Imperator ganz Rußlands und der Große*. Zwei Tage später fand in der Dreifaltigkeitskathedrale ein Staatsakt statt. Im Beisein ausländischer Würdenträger, nach Ruhmesreden auf den Monarchen, nahm Zar Peter Alexejewitsch den Titel an. An diesem Tag war aus dem Moskauer Staat das *Rußländische (Rossijskaja) Imperium* geworden.

Opposition

Dem leidensfähigen russischen Volk wird nachgesagt, es habe im Laufe der Geschichte allzu geduldig und widerstandslos die brutale Allmacht des Staatsapparats ertragen, der ihm aufgezwungen wurde. Dieses Klischee ist falsch, wie so viele, die jenseits der russischen Grenzen über Rußland und seine Menschen verbreitet werden. Aufbegehren gegen die ungerechte Obrigkeit hat es immer wieder gegeben, in dem Maße, wie Selbstherrschaft und Diktatur alle Bereiche des Lebens erfaßten.

Die Steppen des Südens, aber auch die undurchdringlichen Wälder des Nordens, waren die traditionellen Zufluchtsgebiete jener, die der zaristischen Willkür entrinnen wollten. Stenka Rasins Kosaken- und Bauernhaufen[80] machten Alexej Michailowitsch, dem Vater Peters des Großen, zu schaffen. Nicht nur an Wolga und Don wurde Rasins Ruhm zur Legende. Unter dem Regime Peters war die Unzufriedenheit des einfachen Volkes weit verbreitet. Sie entlud sich in mehreren Aufständen. Andererseits hielt die Opposition der entmachteten moskowiter Oberschicht den Zaren bis fast an sein Lebensende in Atem. Mit dem Blutgericht über die Strelizen waren die gefährlichsten Repräsentanten der alten Ordnung beseitigt. Dennoch gab es genügend andere Gegner der neuen Autorität und der Öffnung nach Westen, die sie betrieb. Diese Opponenten setzten nach wie vor auf Peters Sohn Alexej. War der heranwachsende Zarewitsch nicht empört über die Brutalität seines Vaters, der ihm die Mutter genommen hatte? Klammerte er sich nicht gerade deshalb an die alten Bräuche, weil sein Vater entschlossen war, sie auszurotten? Der Thronfolger, so hofften die Widersacher des Zaren, werde zu gegebener Zeit den ganzen Reformkram beiseite fegen.

Verbittert waren die Menschen nicht nur wegen der Kriegs- und Frondienste, zu denen sie in immer neuen Aushebungen gepreßt wurden. Die Staatsausgaben für Waffenkäufe, den Flottenbau, den Unterhalt einer neuen großen Armee hatten sich in kurzer Zeit vervielfacht. Nach der Devise *Geld ist die Arterie des Krieges* waren Peter und die untergeordneten Behörden erfinderisch, wenn es galt, der Bevölkerung die Mittel aus der Tasche zu ziehen. Von der Steuer auf Bärte haben wir schon berichtet. Andere drückende Eingriffe des Staates kamen hinzu: Wer Bienen Honig sammeln ließ, Gurken verkaufte, das Nahrungsmittel des Volkes, wer öffentliche Badestuben benutzte oder seine Toten in eichenen Särgen bestattete, ja, wer Äxte und Messer zum Schleifen brachte, mußte besondere Abgaben entrichten. Ein Preisanstieg für Güter des täglichen Bedarfs, wie Brot, Salz oder Holz, war die Folge.

Zur ersten größeren Erhebung kam es im fernen Astrachan, dem wichtigen Handelspunkt im Wolgadelta. Dort lebten auch viele verbannte Strelizen und Verwandte exekutierter Schützen. Wilde Gerüchte machten die Runde: Der wahre Zar sei umgekommen, die Obrigkeit vom christlichen Glauben abgefallen. Deshalb rasierten ihre Vertreter den Bart, trügen fremdländische Kleider und verneigten sich vor Götzenbildern (den Perückenstöcken in den Häusern der Beamten und Offiziere). Alle Jungfrauen würden demnächst gezwungen, Ausländer zu heiraten; Schiffe mit den künftigen Ehemännern an Bord seien schon unterwegs. Dieses Gerücht gab den Ausschlag. Nach einer Massenhochzeit, auf der vielleicht hundert Bräute ihren Liebsten in aller Eile angetraut wurden,

Leibeigener beim Kotau

stürmte eine aufgestachelte alkoholisierte Menge am 30. Juli 1705 den Astrachaner Kreml. Der Wojewode (Gouverneur), viele Offiziere und alle Ausländer wurden getötet. Die Aufständischen bildeten einen «Ring», die Volksversammlung nach Kosakenart, und wählten den Fischhändler Jakob Iwanowitsch Nosow zu ihrem Ältesten, zum Ataman. Die Kosaken an Terek und Don und alle rechtgläubigen Christen wurden aufgerufen, sich dem Aufstand anzuschließen.

Peter wurde von den Ereignissen in Kurland überracht. Zwar setzte der Zar Truppen nach Astrachan in Marsch, die Einsicht, daß die Beschwerden berechtigt waren, und der Kriegszustand, in dem sich Rußland befand, zwangen ihn jedoch zur Vorsicht. Abgesandte der Rebellen durften nach Moskau kommen, um ihre Klagen vorzubringen. Peter war von dem Bericht, den Reichsgraf Fjodor Golowin über die Unterredung erstattete, so beeindruckt, daß er befahl: *Sie alle durch Gnade und Schuldvergebung ermutigen ... Ohne äußerste Notwendigkeit nichts Hartes gegen*

Kreml in Astrachan

Astrachan unternehmen, wenn die Stadt genommen ist.[81] *Notwendig* war die Abrechnung allerdings doch geworden. Die Astrachaner hielten zu ihren Anführern, die von der versprochenen Amnestie nichts erhoffen konnten, und setzten ihren Widerstand fort. Die Stadt wurde nach Artilleriebeschuß genommen. Es folgte das übliche blutige Strafgericht, dem durch Exekution und Folter mehr als 350 Menschen zum Opfer fielen. Peter feierte auch diesen Sieg mit Salutschießen und Trinkgelagen.

Weitaus gefährlicher für die Regierung war der Kosakenaufstand, der eineinhalb Jahre später das Gebiet am oberen Don erfaßte und zur Wolga übergriff. Seine Ursachen lagen in der gesellschaftlichen Grundstruktur des Staates begründet, der Menschen nicht nur zu Ausbeutungsobjekten erniedrigt, sondern ihnen auch ihr Recht auf Freizügigkeit genommen hatte. Es ging um die Bauern, die zur Erhaltung ihrer Arbeitskraft, die den Staat stärkte, an die adeligen Grundherren gefesselt waren.[82] Oft genug entzogen sie sich ihrer Leibeigenschaft durch die Flucht zu den freien Kosaken, so daß in den zentralen Regionen ganze Dörfer verödeten. Die

Gutsbesitzer waren durch Gesetz berechtigt, nach «ihren» Bauern im ganzen Reich zu fahnden, sie einzufangen und zurückzuschleppen, unabhängig davon, wieviel Zeit seit der Flucht verstrichen war. Die Regierung fungierte als Häscher. Am Don hatten besonders viele Flüchtlinge Schutz gefunden und waren in die Kosakengemeinschaft integriert worden. Als ein zaristisches Detachement wieder einmal versuchte, die «Läuflinge» aus dem Kosakengebiet herauszuholen, wurden die Truppen von Kosaken und Bauern unter dem Ataman Kondratij Bulawin bei Nacht überfallen und bis auf den letzten Mann niedergemacht (9. Oktober 1707). Bulawin rebellierte im Namen der Ärmsten des Volkes, gegen Unterdrückung und Gewinnsucht, gegen die Ausländer und natürlich für den wahren Glauben. Er scheiterte nicht zuletzt, weil die Kosakenschaft gespalten war. Wie in der benachbarten Ukraine, so gab es auch am Don eine wohlhabende, etablierte Kosakenschicht, der Bulawins gesellschaftskritische Parolen mißfielen. Von Verschwörern umstellt, nahm sich Bulawin am 7. Juli 1708 das Leben (oder er wurde getötet) – für Peter gerade zur rechten Zeit, denn die Schweden hatten die russische Grenze bereits überschritten. Zweihundert Rebellen wurden gehenkt. Auf Flößen trieben die Galgen mit der schaurigen Last den Stillen Don hinunter, damit ein jeder die Macht des Zaren erkenne, bis zu den fernsten Grenzen des Reiches.

Der Opposition war die Kraft genommen. Sie schwelte weiter in den Wäldern, wo Gottessucher den Antichrist verfluchten und das Ende der Welt erwarteten, und im altmoskowiter Untergrund, dessen Hoffnung ein «mißratener» Zarensohn war.

Konflikt mit dem Zarewitsch

Bekanntmachung an meinen Sohn

Brief Peters I. an Alexej Petrowitsch vom 11. Oktober 1715:

Es kann dir nicht unbekannt sein, wie sehr unser Volk unter dem Druck der Schweden seufzte, ehe dieser Krieg begann. Sie hatten uns nicht nur so vieler Seeplätze beraubt, die unser Staat notwendig brauchte, sie schnitten uns ab vom Handel mit der übrigen Welt und zogen durch diesen unrechtmäßigen Besitz einen dichten Vorhang vor unsere Augen. Du weißt, was uns dieser Krieg zunächst gekostet hat, in dem Gott allein uns führte und führt, bis wir Erfahrungen sammelten in der Kunst des Krieges und jene Vorteile zunichte machten, die unsere unversöhnlichen Feinde über uns erlangt hatten. Gott wird uns weiter auf dem rechten Weg leiten und wir werden uns würdig erweisen und erfahren, daß derselbe Feind, der zunächst andere erzittern ließ, jetzt vielleicht noch mehr vor uns bebt. Dies sind die Früchte, die wir, nächst Gottes Beistand, unseren eigenen Mühen verdanken, den Anstrengungen unserer treuen uns herzlich zugetanen Kinder, unserer russischen Untertanen, der wahren Söhne Rußlands.

Erwäge ich diese unserem Vaterlande von Gott verliehene Wohlfahrt und blicke ich dann auf mein Geschlecht, das mir nachfolgen soll, so fühle ich mehr Kummer, was die Zukunft betrifft, als Freude über die Gegenwart, wenn ich dich, den Thronfolger, sehe, der für die Leitung der Angelegenheiten des Staates so sehr untauglich ist, und weil du, mein Sohn, alle diejenigen Mittel verschmähst, die dich nach mir zur Herrschaft tüchtig machen sollen. Gott ist nicht schuld, denn er hat dich nicht ohne Verstand gelassen, hat dir auch die körperliche Stärke nicht ganz genommen. Du hast zwar keine sehr kräftige, aber auch keine ganz schwache Natur. Beabsichtigt, sage ich, ist deine Unfähigkeit.

Durch kriegerische Tüchtigkeit haben wir das Dunkel durchbrochen, das uns umgab, sind wir den Völkern bekannt geworden, deren Achtung wir jetzt genießen. Du aber willst von militärischen Dingen nicht einmal reden hören. Ich ermuntere dich nicht, ohne gerechtfertigte Gründe Krieg zu führen; ich wünsche nur, daß du dir sorgfältig aneignest, was zum Kriegführen gehört, denn niemand kann gut regieren, der die Regeln und die Disziplin dieser Kunst nicht beherrscht, und sei es auch nur zur Verteidigung des Landes. Die Griechen zum Beispiel (gemeint ist das Reich von

Byzanz), *vereint mit uns durch dasselbe Glaubensbekenntnis, sind zugrunde gegangen, weil sie die Waffen vernachlässigt haben. Du irrst, wenn du glaubst, ein Fürst brauche nur gute Generale zu haben, die nach seinen Befehlen handeln. In Wirklichkeit blickt jeder auf das Oberhaupt, nach seinem Geschmack und Verhalten richtet sich das Volk, ob ihm das gefällt oder nicht. Du aber willst dich mit der Kriegführung nicht beschäftigen, also wirst du sie auch nicht erlernen. Wie aber willst du dann anderen befehlen?*

Wegen deines schwachen Gesundheitszustandes, sagst du, könntest du dich nicht den Anstrengungen des Krieges unterziehen. Diese Entschuldigung ist nicht besser als alle anderen. Mir geht es nicht um Anstrengungen, sondern um die Neigung zu einer Sache, der kann auch keine Krankheit etwas anhaben. Wie war es denn zur Zeit meines Bruders (des Zaren Fjodor Alexejewitsch)*? Er war von viel schwächerer Konstitution als du, konnte kaum ein Pferd besteigen. Aber er liebte Pferde, und so kam es, daß es bei uns keinen besseren Marstall gab und gibt als es der seine gewesen war. Du siehst also: Erfolg hängt nicht immer von Schmerzen ab, sondern vom Willen. Du meinst, es gebe Regenten, die Erfolg haben, obgleich sie nicht selbst in den Krieg ziehen. Das trifft zu. Die Neigung zum Waffengang ist bei diesen aber vorhanden und sie verstehen etwas davon. Nimm zum Beispiel den verstorbenen König von Frankreich* (Ludwig XIV.). *Nicht immer war er selbst im Feld, aber es ist gut bekannt, wie sehr er den Krieg liebte und welch glorreiche Taten er durch die Waffen vollbrachte, so daß man seine Kampagnen das «Theater und die Schule der Welt» nannte. Er liebte aber auch andere Dinge, mechanische Werkstätten, Manufakturen etc., so daß sein Königreich das blühendste von allen war.*

Ich bin ein Mensch und dem Tode unterworfen. Wem soll ich mein Werk hinterlassen, wer soll vollenden, was ich zurückgewonnen habe? Dem, der gleich dem faulen Knecht (im Evangelium) *sein Pfund vergräbt, das heißt, der nicht das Beste aus all dem macht, was Gott ihm anvertraut hat? Dein Eigensinn, deine Bosheit – wie oft habe ich dich dafür getadelt, und nicht nur getadelt, sondern auch geschlagen, wie viele Jahre schon habe ich fast kein Wort mehr mit dir gesprochen. Alles hat nichts genützt, nichts bewirkt. Ich habe nur meine Zeit verschwendet, in den Wind gesprochen. Du bemühst dich nicht im geringsten. Dein ganzes Vergnügen scheint es zu sein, müßig und faul zu Hause herumzusitzen.*

So habe ich also alle diese schlimmen Widrigkeiten erwogen und erkannt, daß ich dich durch meine Beweggründe zum Guten nicht bringen kann. Deshalb tue ich dir diesen meinen letzten Entschluß in schriftlicher Form kund: Ich werde noch ein wenig abwarten, um zu sehen, ob du dich aufrichtig bessern wirst. Geschieht dies nicht, so wisse, daß ich dir die Nachfolge entziehen und dich enterben werde, so wie sich der Körper von einem brandigen Glied trennt. Glaube ja nicht, daß ich dies nur so dahinschreibe, damit ich dich erschrecke, weil ich ja außer dir keinen anderen

Sohn habe. Wahrlich, das wird geschehen, wenn es Gott gefällt. Ich schone ja mein eigenes Leben nicht, wenn es um mein Land und um das Wohlergehen meines Volkes geht. Wie also sollte ich dich als Unwürdigen schonen. Lieber ein würdiger Fremder als ein unwürdiger eigener Sohn.

Peter[83]

Als der fünfundzwanzigjährige Zarewitsch diesen leidenschaftlichen Brief erhielt, war an eine Aussöhnung zwischen Vater und Sohn kaum noch zu denken. Unüberbrückbare Gegensätze trennten den Zaren, einen Selbstherrscher ohne Einfühlungsvermögen und erzieherische Geduld, von dem Thronfolger, einem jungen Mann in schwieriger seelischer Verfassung. – Verschüchtert und sanft, willig und wißbegierig, aber unselbständig und mit einem Hang, sich gehen zu lassen, lebte Alexej Petrowitsch in der Vergangenheit, in der alten Moskowiter Welt. Instinktiv zog es den Knaben mehr zu seiner russischen Umgebung als zu dem deutschen Erzieher, den der Vater für ihn bestellte. Der Halbwüchsige verabscheute den Zarenfreund Menschikow, den skrupellosen Emporkömmling, dem er sich unterwerfen sollte. Mit Vorliebe las er religiöse Werke, gewissenhaft hielt er sich an die Vorschriften der orthodoxen Kirche. Ein Priester vermittelte das Wiedersehen des Sechzehnjährigen mit der ehemaligen Zariza Jewdokija im Pokrowskij-Kloster zu Susdal, die erste Begegnung zwischen Mutter und Sohn nach achtjähriger Trennung, die auch die letzte sein sollte. Geistlicher Beistand war dem Thronfolger so unentbehrlich, daß er sich später insgeheim einen rechtgläubigen Priester ins Ausland nachkommen ließ.

Peter dagegen verlangte, daß sich der Zarewitsch frühzeitig für den Staat engagiere, das heißt, daß er dem Kriegshandwerk Geschmack abgewinne. Wie so viele starke und erfolgreiche Väter versuchte auch der Zar, den Sohn zu zwingen, in seine Fußstapfen zu treten. Im Alter von dreizehn Jahren mußte Alexej, einem Artillerieregiment zugeteilt, an der Belagerung von Nyenschanz teilnehmen. Im Jahr darauf war der Thronfolger dabei, als Peters Soldaten Narwa stürmten. Verantwortung sollte der Nachfolger Peters übernehmen. Sechzehnjährig erhielt Alexej den Auftrag, in Smolensk den Nachschub zu organisieren und Rekruten auszuheben; danach erging der Befehl, für die Verteidigung Moskaus Sorge zu tragen. Doch dem Zarewitsch war der Soldatendienst ein Greuel. Häufig stellte er sich krank, damit er den Aufträgen des Vaters entging. Es kam so weit, daß sich Alexej, in rasender Angst vor dem Vater, durch einen Schuß absichtlich an der Hand verletzte, um zu verhindern, daß der strenge Examinator eine Probe seiner Zeichenkenntnisse verlangte.

Alexejs Ehe mit Prinzessin Charlotte aus dem Hause Blankenburg-Wolfenbüttel, die Peter für seinen Sohn arrangiert hatte, brachte keine Änderung der Situation. (Charlotte gebar am 12. Oktober 1715 einen Sohn, den späteren Zaren Peter II., und starb zehn Tage danach an den

Zarewitsch Alexej

Folgen der Geburt.) Ein Studienaufenthalt in Dresden hatte den Thronfolger seiner Moskauer Welt nicht entfremden können. Im alten Zentrum des russischen Staates fand Alexej Petrowitsch die Gesellschaft jener, die nicht nach St. Petersburg übergesiedelt waren, die den Neuerungen, die über Rußland hereinbrachen, feindselig gegenüberstanden. Da waren die Miloslawskije, die das Schicksal Sophia Alexejewnas, der ehemaligen Regentin, nicht vergessen konnten, und die Lopuchiny, die Familie von Alexejs Mutter, die traditionsbewußten Bojaren, die westlichen Einflüssen und emporgekommenen Favoriten hatten weichen müssen, und die Geistlichen, die in ihren Rechten beschnitten worden waren. Sie alle blickten auf den Thronfolger, der die Nachfolge des ihnen verhaßten Zaren antreten würde. So wurde der Zarensohn, auch ohne sein eigenes Zutun, zum Mittelpunkt einer breitgefächerten Opposition, zu «unserer einzigen Hoffnung», wie es der Metropolit von Rjasan Stephan Jaworskij, der Exarch des Patriarchenamtes, in einer Moskauer Predigt[84] formulierte – eine Bemerkung, für die sich der berühmte Prediger schleunigst bei Peter entschuldigte, als er vom Unwillen des Zaren erfuhr.

Ungeachtet der oppositionellen Stimmung und der allgemeinen Unzufriedenheit im Volk war von einer Verschwörung gegen den Zaren nicht die Rede. Die Anhänger Alexejs warteten auf eine natürliche Veränderung, das heißt auf das Ableben des Herrschers, dessen Gesundheitszustand nicht der beste war. Fieberanfälle machten Peter zunehmend zu schaffen.[85]

Der Sohn blieb dem Vater die Antwort nicht lange schuldig. Er verwies auf seine körperliche Hinfälligkeit, die es ihm nicht erlaube, Regierungsgeschäfte auszuüben, und schrieb, dem medizinischen Vergleich der *Bekanntmachung* folgend, «ein so von Fäulnis befallener Mensch», wie er es sei, eigne sich nicht für die Thronfolge, und deshalb entsage er seinen Rechten. Er bitte nur um seinen Lebensunterhalt. Diese kurze und klare Antwort, abgefaßt schon drei Tage nach Erhalt des väterlichen Monitums, enttäuschte Peter abermals schwer. Hatte er doch aktive Zusammenarbeit und nicht Verzicht erwartet. Wie konnte sein Sohn so schnell den Thron eines großen Reiches fallen lassen, da mußte doch mehr dahinterstecken! Die Schatten der Opposition tauchten vor Peters Augen auf. Die Antwort des Zaren zeugte von Ratlosigkeit: *Du sprichst nur von der Nachfolge, als ob sie von dir und nicht ausschließlich von meinem Willen abhinge. Nichts sagst du von jener Unfähigkeit, in die du dich freien Willens begeben hast, nichts von deiner Aversion gegen die Angelegenheiten des Staates. Auf meine Unzufriedenheit mit deinem Verhalten in all diesen Jahren gehst du nicht ein. Also beeindrucken dich diese väterlichen Ermahnungen nicht. Wenn du aber den Rat zurückweist, den ich dir zu meinen Lebzeiten gebe, wie wirst du ihn dann nach meinem Tod achten? Kann man angesichts deines verhärteten Herzens deinen Schwüren trauen? König David sagt: «Jeder Mensch ist Lüge.» Wolltest du aber jetzt deine Versprechen wirklich halten, so könnten dich diese großen Bärte umstimmen, wie es ihnen gefällt, so daß du den Schwur brichst. Denn wegen ihrer Verderbtheit und ihrer Trägheit sind sie jetzt von ehrenvollen Ämtern ausgeschlossen, doch eines Tages, so hoffen sie, wirst du ihre Lage zum besseren wenden, du, der du ihnen schon so zugetan bist. Kein Gefühl hast du für die Verpflichtungen deinem Vater gegenüber, dem du dein Dasein verdankst. Hilfst du ihm denn bei seinen Sorgen und Schmerzen? Ganz im Gegenteil. Du verabscheust all das Gute, das ich auf Kosten meiner Gesundheit für mein Volk und sein Wohlergehen tue. Nach meinem Tod würdest du all das zerstören. Und deshalb kann ich dich nicht so weiter machen lassen, wie du das willst, bist du doch weder Fisch noch Fleisch. Ändere also dein Verhalten, versuche, ein würdiger Nachfolger zu sein, oder werde Mönch. Sonst kann ich nicht ruhig sein, besonders jetzt, da meine Gesundheit schwindet. Antworte mir also unverzüglich, oder ich werde mit dir wie mit einem Böse-*

Ein Autokrat sah sein Werk gefährdet ...

Knutenstrafe in Rußland, öffentlich vollzogen an Natalja Lopuchina, 1743

wicht verfahren.[86] Alexej erklärte sich sofort bereit, in den Mönchsstand zu treten. Doch dazu kam es nicht. Ein neues Verlangen des Vaters, zu ihm ins Feldlager abzureisen – Peter hielt sich zu diesem Zeitpunkt in

Kopenhagen auf – oder nun endlich in ein Kloster einzutreten, beantwortete der Zarewitsch mit der Flucht. Unter dem Vorwand, er wolle sich beim Zaren melden, fuhr Alexej nach Libau und von dort nach Wien. Kaiser Karl VI. gewährte dem jungen Flüchtling, seinem Verwandten[87], Asyl. In aller Heimlichkeit wurde der Sohn des Zaren mit seiner Begleitung nach Schloß Ehrenberg in Tirol gebracht (Mitte Dezember 1716).

Peters Stolz war zutiefst verletzt. Erbittert setzte er alle Hebel in Bewegung, um den Abtrünnigen zu finden. Da die Regierung in Wien schwieg, gelang es den Kundschaftern des Zaren erst im Frühjahr, Alexejs Aufenthaltsort ausfindig zu machen. Eilig wiesen die kaiserlichen Behörden daraufhin dem Flüchtling ein neues Refugium zu, das Kastell St. Elmo bei Neapel. Dort ließ sich der Thronfolger von Moskauer Emissären schließlich zur Rückkehr überreden, nachdem ihm der Zar den väterlichen Fluch angedroht oder Straffreiheit zugesichert hatte: *Wie ein Verräter hast du dich unter fremden Schutz gestellt ... Ich aber werde dich nicht bestrafen, wenn du dich meinem Willen unterwirfst, indem du mir gehorchst und mich fürchtest. Und wenn du zurückkehrst, werde ich dir größte Liebe erweisen ...*[88] Was führte der Zar im Schild? Offenbar galt die Straffreiheit nur für den Tatbestand der Flucht. Alexej war naiv genug, sich auf ein derart zweideutig formuliertes Versprechen zu verlassen. (So hinterhältig gingen Peters Abgesandte vor, daß sie einen kaiserlichen Sekretär bestachen, damit er Alexej wahrheitswidrig einredete, Kaiser Karl wolle ihn ohnehin nicht länger schützen.) In Moskau erst erfuhr der Zarewitsch, daß der Vater die Straflosigkeit an Bedingungen geknüpft hatte: Peter ging es wieder einmal darum, das ganze Ausmaß der Opposition zu ermitteln. Er verlangte deshalb von seinem Sohn, daß er die Fluchtkomplicen preisgab und über alle seine Handlungen, Gespräche, Briefe

Handschrift der Jewdokija Lopuchina – Peters verstoßene Frau bittet den Zaren um Gnade (15. Februar 1718)

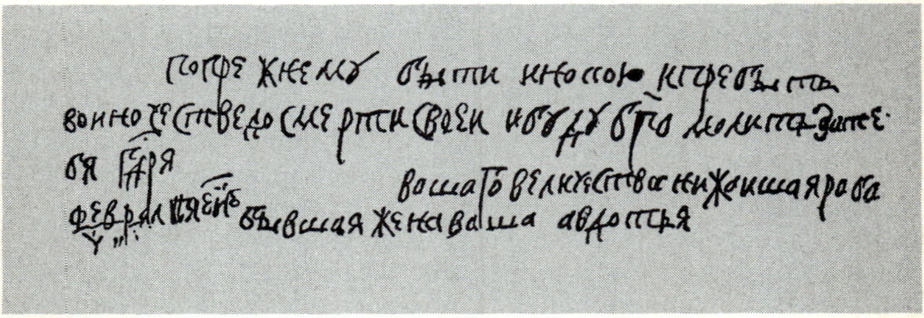

usw. vollständig berichtete. Erwies sich das Geständnis als unwahr, werde auch nur das geringste Faktum verschwiegen, so sei die versprochene Gnade hinfällig, mehr noch, dann habe Alexej sein Leben verwirkt.

Am 31. Januar 1718 traf der Zarewitsch wieder in Moskau ein. Drei Tage später mußte er im Großen Audienzsaal des Kreml vor einer Versammlung weltlicher und geistlicher Würdenträger feierlich auf die Thronfolge verzichten. Zum neuen Erben des Thrones wurde der zweijährige Peter Petrowitsch erklärt, der Sohn Katharinas, mit der sich Peter sechs Jahre zuvor auch offiziell verbunden hatte (vgl. Kapitel «Freunde und Frauen»).[89] Die Zeremonie wurde in der Mariä-Himmelfahrts-Kathedrale wiederholt. Durch ein ausführliches Manifest, in dem Peter den Sohn auch als Privatperson moralisch diskreditierte, wurde die Bevölkerung von den Ereignissen unterrichtet. Danach begannen die Verhöre dessen, *der Ruhm und Ehre des russischen Volkes befleckte*. Alexej gab Namen und Kontakte preis, er tat alles, um sich zu entlasten, und nichts, um seine Anhänger und Berater zu schützen. Wieder füllten sich die Kerker, machten sich die Folterknechte an die Arbeit. Überall witterte der Zar Verrat, aber eine Konspiration hatte es nicht gegeben. Doch Peter mußte erfahren, daß viele Würdenträger und ungezählte einfache Untertanen sein Regime verurteilten und seinen Tod herbeisehnten. Mitte März fanden die ersten Hinrichtungen statt, neun Monate später die nächsten. Sie wurden nicht minder barbarisch vollzogen als zwanzig Jahre zuvor beim Blutgericht über die Strelizen. Zu den Opfern zählten weltliche und geistliche Ratgeber Alexejs, wie der Bischof von Rostow und der Beichtvater des Zarewitsch, der Kammerdiener des ehemaligen Thronfolgers und zwei andere Mitglieder seines Haushalts. Einbezogen in die Untersuchung wurde Alexejs Mutter und ihre Verwandtschaft. Peter ließ einen Bruder Jewdokijas exekutieren und Stephan Glebow, den Liebhaber seiner früheren Frau, spießen und pfählen, der mit der Affäre Alexej offenkundig nichts zu tun hatte. Andere wurden verstümmelt und nach Sibirien deportiert, einige freigesprochen. Unterdessen hatte Peter Moskau verlassen und war mit Alexej nach Petersburg gefahren. Dort wurden die Verhöre fortgesetzt. Bei der Vernehmung Afrosinjas, der Geliebten Alexejs[90], wurden Peter Einzelheiten bekannt, die der Zarewitsch absichtlich verschwiegen oder versehentlich nicht erwähnt hatte. Die Frau, der Alexej verfallen war, plauderte aus, was dem Inquisitor zustatten kam: daß er, Alexej, stets den Thron erstrebte, wie er sich über die Meuterei russischer Truppen und andere Unruhen freute, daß er die Flotte abschaffen, auf alle Eroberungen verzichten wollte usw. Bei einer Gegenüberstellung hatte Alexej nicht mehr die Kraft, alle Behauptungen seiner früheren Mätresse zurückzuweisen, er verwickelte sich in Widersprüche, beschuldigte sich selbst. An das Versprechen der Straflosigkeit fühlte sich Peter nun nicht mehr gebunden. Der Zarewitsch wurde festgenommen, in die Festung Peter und Paul eingeliefert und durch die Knute gefoltert, das erste Mal mit 25, das zweite Mal mit 15 Schlägen. So erzwang der Zar neue «Geständnisse», denen das Todesurteil folgte. Am 24. Juni 1718 beschloß ein Gericht, dem 127 Würdenträger angehörten, das Verdikt. Peter hatte die «Richter» ermahnt, nicht ihm zuliebe, sondern um der Wahrheit willen zu urteilen: *Und verderbt nicht Eure Seelen und nicht meine Seele, damit die Gewissen rein sind am Tag des Jüngsten Gerichts und unser Vaterland von Unglück verschont bleibt.*[91] Der Zarewitsch sollte sterben, so wollten es der Zar und dieses Gericht, weil er eine Rebellion geplant habe, und «einen schrecklichen doppelten Vatermord, am Vater dieses Landes und an seinem natürlichen Vater». Die Wahl der Todesart blieb dem Zaren überlassen. Peter brauchte das Urteil nicht zu bestätigen. Am 26. Juni nachmittags starb der Zarensohn wahrscheinlich an den Folgen der Tortur. Es ist nicht ausgeschlossen, daß er am selben Tag, morgens um acht Uhr, noch einmal gefoltert worden war.[92] Peter heuchelte keine Bestürzung, sondern verwies auf den Allmächtigen, der ihm die schwere Entscheidung über Leben oder Tod des Sohnes abgenommen habe. Am folgenden Tag wurde der Jahrestag von Poltawa wie üblich festlich begangen. Am 30. Juni geleiteten der Zar und Katharina den Sarg mit dem Leichnam des Zarewitsch in die Peter-und-Paul-Kathedrale, wo Alexej an der Seite seiner Frau beigesetzt wurde. Kein Hofbeamter durfte Trauer tragen.

Iwan der Gestrenge (der Schreckliche) hatte seinen Sohn im Zorn erschlagen und sein Leben lang darunter gelitten. Peter vernichtete den Zarewitsch kalten Blutes, aus Staatsräson. Denn durch Alexej sah er sein Werk gefährdet: Da war die gärende Unzufriedenheit im Volk, der Haß der *großen Bärte*, der Feinde alles Neuen, die seinen willensschwachen, ungetreuen Sohn hofierten. Hatte Alexej nicht gestanden: Hätten die Aufständischen wider den rechtmäßigen Herrscher ihn gerufen, er wäre an die Spitze der Rebellen getreten. War der Erbe nicht bereit gewesen, Petersburg, seine, des Zaren, eigene Stadt, die Flotte, seine Schöpfung, alles unter großen Opfern Errungene bedenkenlos aufzugeben? Das durfte nicht geschehen, zu seinen, des Zaren, Lebzeiten nicht, und auch nicht nach seinem Tod. Schwüren konnte man nicht trauen.

Peters Konflikt mit dem Zarewitsch – die Geschichte kennt Vergleichbares[93] – war also kein gewöhnlicher Familienstreit, kein simpler Generationenkonflikt. Doch zeigte er Peters empfindliche Charaktermängel auf. Unfähig, sich seine Mitarbeiter anders vorzustellen als (wenn auch selbständig handelnde) Erfüllungsgehilfen, die, nach seinem Willen geformt, seinen Willen verkörperten und ausführten, wollte er die Natur seines Sohnes ändern. In dem Widerstrebenden konnte er mithin nur *Bosheit* und *Eigensinn* erkennen.

Prozeß und Tod Alexejs demonstrierten der Welt aber auch die Gewaltsamkeit – und die Stärke – des petrinischen Staates und eines Autokraten, der auf die Flucht seines Sohnes nicht nur menschlich gereizt, sondern auch mit versteckten militärischen Drohungen an die Adresse von Alexejs Schutzmacht reagierte. In den Augen der Zeitgenossen hatte nicht nur Peters Ruf gelitten; an den Höfen wurde über die «russische Gefahr» diskutiert. Europa begann, Rußland zu fürchten.

Freunde und Frauen

Wenigen ist die Auszeichnung zuteil geworden, von Peter *Freund* genannt zu werden – der Zar verwendete das deutsche Wort in russischen Buchstaben. Ihnen war Peter um so enger verbunden. Franz (François) Lefort, der Genfer Kaufmannssohn, blieb der einzige Ausländer, dem der junge Herrscher wirklich nahestand, den er geliebt hat. In Leforts Gegenwart konnte sich der sechzehn Jahre jüngere Gefährte entspannen; Lefort hatte einen besänftigenden Einfluß auf den Zaren. Ihm vertraute Peter bedenkenlos, im persönlichen Bereich wie in Angelegenheiten des Staates, und Lefort hat dieses Vertrauen nicht enttäuscht, sich nie, wie Menschikow, in der Gunst des Zaren bereichert. Peter bezahlte Leforts Schulden und ließ ihm, für die gemeinsamen ausgelassenen Feste, einen prunkvollen Palast errichten. Lefort starb am 2. März 1699 im Alter von 43 Jahren in Moskau. Der Zar hielt sich am Don, auf der Werft in Woronesch auf, als ihm die Nachricht überbracht wurde. Er brach in Tränen aus: *Jetzt habe ich niemanden mehr. Er allein war mir treu* (Korbs «Diarium ...»). Peter eilte nach Moskau zurück und ehrte seinen Freund durch ein Staatsbegräbnis. Neun Monate später traf Peter ein anderer schwerer Verlust. Patrick Gordon starb, der angesehenste unter den ausländischen Offizieren, der sich, anders als Lefort, in Rußland nie völlig zu Hause gefühlt hatte, der aber seinen Dienstherren ein unschätzbarer Ratgeber gewesen war.

Andere traten nach vorn, die Peter ergeben waren und schnell Karriere machten. Peter Pawlowitsch Schafirow zum Beispiel, ein getaufter Jude[94], Meister der Übersetzungskunst in vielen Sprachen und der Formulierung diplomatischer Dokumente, der schon die *Große Gesandtschaft* begleitet hatte. In dem Debakel am Pruth erwies sich Schafirow, der neuernannte Vizekanzler, den Peter ins türkische Lager sandte, als ein hervorragender Unterhändler. Die russischen Methoden und Ziele im Krieg gegen Schweden, den Anspruch Rußlands als europäische Macht, wußte er in Wort und Schrift propagandistisch zu vertreten. Schafirow vor allem, nicht Kanzler Golowkin, leitete die außenpolitischen Geschäfte. Intrigen und Neid führten am Ende von Peters Regierungszeit zum Sturz des ehrgeizigen Politikers. Ein Sondergericht verurteilte Schafirow wegen Veruntreuungen und anderer Delikte zum Tode. Peter begnadigte seinen

Peter Schafirow

langjährigen Mitarbeiter und schickte ihn in die Verbannung. Einen ähnlichen Sturz, allerdings nach dem Tod des Zaren, erlebte Peter Andrejewitsch Tolstoj, der seinem Herrn zwei wichtige Dienste leistete: Als Botschafter in Konstantinopel hielt er in der schwierigsten Phase des Nordischen Krieges, als die Schweden in der Ukraine standen, die Türken davor zurück, den Waffenstillstand mit Rußland zu brechen, und es war Peter Tolstoj, der den zögernden Thronfolger Alexej listig überredete, sich der väterlichen Gnade auszuliefern. Im Kampf der Favoriten Peters um die Gunst der kaiserlichen Nachfolger verlor Tolstoj gegen Menschikow. Der Diplomat des großen Zaren wurde auf eine Insel im Weißen Meer verbannt und starb dort im Alter von 84 Jahren.

Name und Laufbahn von Alexander Danilowitsch Menschikow, den Peter I. zärtlich, auf deutsch, *mein Herz* oder *Herzenskind* nannte, sind mit dem Weg und den Erfolgen des Zaren auf sehr persönliche, intime Weise verknüpft. In seiner Jugend, so wurde erzählt, habe Menschikow, dessen Familie aus dem Litauischen stammte, in Moskau als Straßenhändler Pasteten verkauft. Bei dieser Betätigung soll er von Lefort «entdeckt» worden sein, der ihn in seine Dienste nahm. Im Hause Leforts sei der Halbwüchsige, der kaum seinen Namen schreiben konnte, durch Charme, Witz und Schlagfertigkeit dem etwa gleichaltrigen Zaren aufgefallen. An Peters Seite wurde der Günstling des Herrschers zu einer der reichsten und mächtigsten Persönlichkeiten im Europa des 18. Jahrhunderts. Die Liste seiner Titel und Ämter ist lang: Gouverneur von Schlüsselburg; Generalgouverneur von Ingermanland, Karelien und Estland; Minister der Geheimen Angelegenheiten; Oberbefehlshaber der Kavallerie; oberster Erzieher des Thronfolgers; Fürst des Heiligen Römischen Reiches (1705 durch Verfügung des Kaisers Joseph I.); Fürst von Ischora (einem Nebenfluß der Newa) mit dem erblichen Besitz der Orte Jamburg (Jam) und Koporje. Menschikow befahl, daß in den Kirchen seiner Besitzungen sein Name zusammen mit dem des Zaren in den Gebeten genannt werde. Aus Briefen an den *liebsten Freund* geht die Zuneigung hervor, die Peter für seinen *Alexaschka* empfand. Im Mai 1705 während einer Krankheit: *Gebe, gebe Gott der Herr, Euch in Freuden zu sehen ... Nicht geringer war der Gram wegen der Trennung von Euch, den ich erlitt. Doch nun kann ich schon nicht länger, kommt rascher zu mir, damit ich es heiterer habe, worüber Du selbst urteilen kannst.* Am 24. März 1706 aus Narwa: *In Wahrheit, Gottlob, wir sind lustig, aber unsere Stimmung ohne Euch oder fern von Euch ist wie eine Speise ohne Salz.*[95] Spöttisch urteilte von Keyserlingk, der preußische Gesandte, für Menschikow empfinde der

Alexander Menschikow

Zar «mehr als eheliche Liebe», und Charles Whitworth, der englische Gesandte schrieb: «Einige meinen, ihre Intimität sieht eher nach Liebe aus als nach Freundschaft, denn da ist sehr oft Streit und immer wieder Versöhnung.»[96]

An Peters homoerotischer Veranlagung, die den Zaren wahrscheinlich auch mit Lefort verband, ist kein Zweifel möglich. Ohne diese Leidenschaft hätte der Selbstherrscher, der andere wegen geringerer Verfehlungen dem Henker überantwortete, dem Machthunger, der Habgier und Verschlagenheit Menschikows kaum mehr oder weniger schweigend zugesehen. Milde wies er den Günstling zurecht, der sich immer wieder Betrügereien und Unterschlagungen von Staatseigentum zuschulden kommen ließ: *Sehr bitte ich, daß Ihr um solcher geringen Vorteile willen nicht Ruhm und Kredit verliert. Ich bitte Euch, nicht beleidigt zu sein, denn der erste Tadel ist besser als der letzte, aber mir, der ich in solchen Kümmernissen stecke, ist es nahegegangen, und ich werde niemanden schonen.* Und – nach einer Rechtfertigung Menschikows: *Wenn Du von diesen Räubereien schreibst, sie seien eine Bagatelle, so ist dies falsch, denn die Bevölkerung ist erbittert.*[97] Jene, die Peter nach dem Tod des Imperators idealisierten, haben, wie Jacob von Stählins Anekdotensammlung zeigt, die Abhängigkeit des Zaren von seinem Freund herunterzuspielen versucht: *Alexander, Alexander! Vergiß nicht, wer Du gewesen bist und was ich erst aus Dir gemacht habe*, meinte Peter demgemäß warnend, als er gewissen Bosheiten und Ränkespielen aus Eifersucht auf die Spur gekommen war. Und – im Zusammenhang mit einer Betrugsaffäre: *Diesmal strafe ich Dich mit Geld, aber nimm Dich in acht, daß Du künftig nicht in eine härtere Strafe verfällst.*[98] Aber auch diese Äußerung wird überliefert: *Menschikow bleibt wohl Menschikow ... Er tut, was er will, ohne mich zu fragen, ich aber entscheide nichts ohne ihn.*[99] Menschikows natürliche Intelligenz, seine großen Fähigkeiten – wendige Aktivität, Organisationstalent, militärische Führungskunst – machten den Gefährten dem Zaren unentbehrlich. Menschikow stand mit Peter unter den Wällen von Asow, beide verließen zusammen das Heer, ehe die Schweden bei Narwa siegten. Seite an Seite arbeiteten die Freunde auf den Werften von Amsterdam und Deptford, eifrig beteiligte sich Menschikow an der Vernichtung der Strelizen, beflissen nahm er Peters neue Ideen auf und half dabei, Rußland umzuwandeln. So wie Lefort verstand es auch Menschikow, Peter zu beruhigen, wenn den Unbeherrschten der Jähzorn packte. Beide hatten aber auch unter den Unmutsausbrüchen des Zaren zu leiden. Als Peter starb, ging die Zeit seines Alter ego zu Ende. Menschikow brachte noch Katharina, die Frau des Imperators, auf den Thron und verlobte seine Tochter mit dem unmündigen Thronfolger Peter Alexejewitsch. Zweieinhalb Jahre nach dem Tod seines Freundes wurde Alexander Menschikow gestürzt und später nach Sibirien verbannt. In Beresow im Mündungsgebiet des Ob ist er 1729 gestorben.

Friedrich IV., König von Dänemark (in angeheiterter Stimmung), zu seinem russischen Gast: «Oho, mein Bruder! Wie ich höre, habt auch Ihr eine Mätresse.» Peter I. (verärgert über die sonst steife Kopenhagener Etikette): *Mein Bruder, meine Huren kosten mich nicht viel, Eure kosten Euch Tausende von Pfunden, die Ihr besser verwenden könntet.*[100] Auch in seinen Beziehungen zu Frauen ließ sich der Zar, wie dieses Zitat gut bezeugt, von Nützlichkeitserwägungen leiten. Er, der sich Gelegenheiten zu sexuellen Genüssen selten entgehen ließ, hatte keinen Sinn für jene verfeinerte erotische Kultur, die das Mätressenwesen an den Fürstenhöfen mit sich brachte. Verspielte Flirts, das weibliche Mysterium, gepflegte Konversation mit Frauen von Charme und Geist lagen Peter nicht. Für die Erotik als Gesellschaftsspiel war dem Zaren seine Zeit zu schade. Von der weiblichen Liebe machte Peter nur so viel Gebrauch, «als es die Notwendigkeit und Erhaltung der Gesundheit erfordern mag», wie sich ein informierter deutscher Beobachter ausdrückte.[101] Und was die Honorierung von flüchtigen Liebesdiensten betrifft, so zeigte sich der Herrscher, sei es in London oder in Paris, ausgesprochen geizig.

Vier Frauen spielten in Peters Leben eine Rolle: die Mutter, seine Schwester Natalja, Anna Mons und Katharina. Über das herzliche Verhältnis des Sohnes zu seiner Mutter Natalja Kirillowna haben wir schon berichtet. Peters Schwester Natalja Alexejewna (1673–1716), die begabte Vertraute des Zaren, hat sich auf künstlerischem Gebiet einen Namen gemacht. Sie gründete in Preobraschenskoje ein kleines Hoftheater, das später nach St. Petersburg verlegt wurde. In der petrinischen Zeit der Kriege und der Staatsumwälzung, die keine eigene Literatur hervorgebracht hat, war es die Zarewna, die das halbvergessene Repertoire des jungen russischen Theaters sichtete und sogar selbst einige Stücke verfaßte, Dramatisierungen von Heiligenlegenden.

Die Liaison mit Anna Mons dauerte, durch Gelegenheitsaffären unterbrochen, zwölf Jahre. Vor der Öffentlichkeit hatte der Zar seine Geliebte nicht verleugnet, mit Anna Mons am Arm war er bei vielen offiziellen Anlässen erschienen. Peter brach das Verhältnis ab, als Katharina im Herbst 1703 in sein Leben trat. Damals war Martha Skawronskaja, die später zum griechisch-orthodoxen Glauben konvertierte und den Namen Katharina Alexejewna annahm, neunzehn Jahre alt und lebte im Moskauer Haushalt Menschikows, der sie von Feldmarschall Scheremetjew übernommen hatte – ein fröhliches, vollbusiges und sehr entgegenkommendes Mädchen. Neben Katharinas Zärtlichkeiten schätzte der Zar die Sparsamkeit seiner neuen Gefährtin und ihre Kenntnisse in der Haushaltsführung. Im Winter 1704 gebar Katharina einen Sohn, das erste von zwölf Kindern, sechs Söhnen und sechs Töchtern, die sie Peter schenkte. Zehn dieser Kinder starben im zarten Alter, nur zwei Töchter, Anna und Elisabeth, wuchsen heran und überlebten die Eltern. An Katharinas Seite war Peter glücklich. *Katerinuschka* war anders als alle Frauen, die er ge-

Katharina

kannt hatte oder noch kennenlernen sollte. Trotz ihrer zahlreichen Schwangerschaften begleitete sie den Zaren auf vielen Reisen und zwei Feldzügen, und gerade fern des Luxus, mit dem sie sich später doch gern umgab, kamen ihre Besonderheiten voll zur Geltung. Diese «Kinderfrau der Soldaten» schlief mit dem Herrscher im Zelt, war stets munter und gutgelaunt, kümmerte sich um das Wohlergehen der Truppe, lächelte den Soldaten zu und fand für sie freundliche Worte. Im Lager am Pruth verzichtete sie auf ihren Schmuck, um damit dem Zaren die Freiheit zu erkaufen, ein Angebot, das sich dann als nicht notwendig erwies. Während der persischen Kampagne schnitt sie sich die Haare ab und trug eine Soldatenmütze. Katharina war praktisch veranlagt, eine gute Köchin und hielt die Wäsche des Zaren tadellos in Ordnung. Gutmütig bat sie den Lebensgefährten, wenn er sich einmal beschwerte, schnell um Verzeihung. Wenn Peter zornentbrannt seine Umgebung in Schrecken versetzte, oder in einen seiner epileptischen Anfälle verfiel, sprach Katharina leise und zärtlich auf ihn ein. In ihren Armen wurde er stets ruhig. Kein Wunder, daß Peter sein Verhältnis mit dieser warmherzigen, anpassungsfähigen Frau legalisieren wollte. Im März 1711, vor dem Aufbruch in den türkischen Feldzug, gab der Zar in aller Form bekannt, daß Katharina Alexejewna als seine rechtmäßige Gattin und als Zariza anzusehen sei. Ein Jahr später, am 19. Februar 1712, fand die offizielle Eheschließung statt.

Am 7. Mai 1724 setzte Peter in feierlicher Zeremonie in der Moskauer Uspenskij-Kathedrale, wo einst Iwan IV. zum ersten russischen Zaren gekrönt worden war, seiner Lebensgefährtin die neue Kaiserkrone aufs Haupt: *Es ist allgemein bekannt, daß die christlichen Herrscher seit den Zeiten der rechtgläubigen Kaiser Basileios, Justinian, Herakleios ... den unwandelbaren Brauch hatten, ihre Gemahlinnen krönen zu lassen. Jedermann weiß von den langen Strapazen und Gefahren, denen Wir in einundzwanzig Kriegsjahren unter Bedrohung Unseres Lebens ausgesetzt waren ... Da Unsere geliebte Gemahlin und Kaiserin Katharina Uns eine große Unterstützung war, indem sie Uns aus freiem Willen auch begleitete und bei vielen kriegerischen Unternehmungen zugegen war, ohne weibliche Schwachheit zu zeigen, hat sie Uns hauptsächlich sehr geholfen, als Unsere Armee von dem türkischen Heer umzingelt wurde. In jener Zeit der höchsten Not ... zeigte sie heldenmütige Unerschrockenheit, was Unsere Armee schon durch ihre Erzählungen in Unserem Reich kundgetan hat. Wir haben daher kraft der höchsten Macht, die Uns von Gott gegeben ist, beschlossen, daß Unsere Gemahlin gekrönt werden soll ...*[102]

Anna und Elisabeth

Dieses Manifest sah nicht ausdrücklich vor, daß Katharina durch ihre Krönung zur Kaiserin auch als Nachfolgerin Peters gelten sollte. [103] Da Peter I. starb, ohne noch in der Lage zu sein, über die Thronfolge zu entscheiden, wurde das Werk des großen Zaren seiner Witwe übergeben. Sie hat es in den zwei Lebensjahren, die ihr noch blieben, im Sinne Peters verwaltet.

Eine späte Genugtuung wurde Jewdokija Fjodorowna zuteil, der ehemaligen Zariza, deren sich Peter auf so schmähliche Weise entledigt hatte. Nach der Vernichtung von Jewdokijas Sohn Alexej und ihres Liebhabers, des Offiziers Stephan Glebow, der zu Tode gemartert wurde, ließ Peter seine erste Frau aus Susdal in ein entlegenes Kloster am Ladogasee deportieren und streng bewachen. Dort verbrachte sie fast zehn Jahre. Als Peter II. Alexejewitsch, Peters und Jewdokijas Enkel, 1727 den Zarenthron bestieg, durfte Jewdokija Fjodorowna nach Moskau zurückkehren. 1731 beschloß sie ihre Tage im Neuen Jungfrauenkloster.

Das neue Rußland

Ohne Plan und ohne Vision ist Peters Rußland entstanden. Kausale Zwänge, nicht die Idee eines Übermenschen hatten jene Umwälzungen zur Folge, die wir das Reformwerk Peters des Großen nennen. Verändert wurde die alte russische Lebensart, unangetastet blieb die Struktur des Staates. Fremde Sitten und technische Fertigkeiten studierte der Zar, nicht neuartige westeuropäische Regierungsformen. Die Rechte des Individuums oder gar eines Parlaments kümmerten den Autokraten nicht. Selbstherrschaft, Rechtgläubigkeit und Standesprivilegien blieben die Fundamente, auf denen Rußland ruhte. Die dominierende Rolle des Landadels, die gutsherrischen Rechte der Grundbesitzer auf ihre Leibeigenen wurden durch Peters Reformen sogar noch verstärkt.

Die Not oder der Zwang des Augenblicks, das heißt der kriegerischen Ereignisse, diktierten die meisten Veränderungen. Denn in Peters 35 Regierungsjahren hat das russische Volk nur ein einziges Friedensjahr (1724) erlebt. Da blieb wenig Zeit, die innenpolitischen Probleme nach allen Seiten hin einsichtig zu erörtern und über sie in beratender Versammlung zu beschließen. – Die Schlacht von Narwa war verloren, und der Krieg verschlang Soldaten: Also brauchte man eine Militärreform (vgl. Kapitel «Krieg gegen den Norden»). Reguläre Streitkräfte, wie die Strelizen und die Truppen der neuen, ausländischen Ordnung, hatte es auch vor Peter gegeben. Jetzt aber wurde der Waffendienst auf alle Bevölkerungsschichten, außer der Geistlichkeit, ausgedehnt. Lebenslänglich blieb der Soldat in der Armee. So wurde ein neuer Stand geboren, der des Soldaten. Am Ende von Peters Regierungszeit zählte die russische Armee 200000 Mann und dazu 100000 Kosaken. – Asow sollte genommen, die Ostsee für Rußland gewonnen werden: Also schuf der Zar aus dem Nichts eine Kriegsflotte. Als Peter starb, hatte Rußland 48 Linienschiffe und 800 kleine Einheiten.

Kriege zu führen, ein stehendes Heer aufzustellen und zu unterhalten, kostete riesige Summen. Nur im Land selbst konnten sie aufgebracht werden. Deshalb reformierte Peter die Wirtschaft und die Finanzen. Niemals zuvor hatten die Russen eine so drückende, vielfältige Last direkter und indirekter Steuern ertragen müssen (vgl. Kapitel «Opposition»). Die Staatseinnahmen schwollen allmählich auf das Fünffache an und reichten dennoch nicht aus, Peters Unternehmungen zu finanzieren. Unerschlossene Schätze mußten gehoben, brachliegende Produktionskräfte angekurbelt werden. Peter ließ staatliche Manufakturen errichten und gab sie zum größten Teil in private Hand. Ihren Besitzern – Ausländer, russische Kaufleute, Aristokraten und Fachleute – räumte er beträchtliche Vergünstigungen ein. Freie Arbeitskräfte gab es kaum. Also wurde den neuen Fabrikanten das Recht zugesprochen, ganze Dörfer in der Umgebung aufzukaufen und die Leibeigenen nicht nur auf den Feldern, sondern auch in den Betrieben arbeiten zu lassen. Diese Zwangsarbeiter blieben an die Fabriken gebunden; unabhängig von den Manufakturen durften solche Bauern nicht weiterverkauft werden (1721, Ukas über die *Posessionsbauern*). 1725 gab es in Rußland 240 Manufakturen. Sie produzierten Stoffe und Leinwand, Glas- und Lederfabrikate, Pulver, Waffen usw. Der Abbau von Eisenerzen wurde erweitert, neue Gießereien entstanden, die Produktion von Buntmetallen wurde aufgenommen. Jekaterinburg im Ural (heute Swerdlowsk), zu Ehren Katharinas benannt, war das neue Zentrum der russischen Metallurgie. Peter der Große förderte den Binnenhandel: Ein weitverzweigtes Kanalsystem, das die Wolga mit der Ostsee verbindet, geht auf ihn zurück. Durch hohe Einfuhrzölle wurde die junge einheimische Industrie geschützt, die traditionelle Ausfuhr von Rohstoffen und landwirtschaftlichen Produkten angekurbelt. So floß Geld nach Rußland hinein und so blieb das Geld, und das Gold, im eigenen Land. Peter hielt sich an die Prinzipien des Merkantilismus, dem er in Holland zum erstenmal begegnet war.

Allerdings fehlte, wie seit je, die Zeit, das Kapital zu akkumulieren und es durch langfristige Investitionen so wirken zu lassen, daß *das Volk es leichter haben wird* (Ansprache anläßlich des Staatsakts vom 22. Oktober 1721). Durch seine Eroberungen, seine Flotte, versuchte der Zar zwar, zum Weltmarkt vorzustoßen, Volksvermögen anzuhäufen, die kostspieligen Kriege jedoch, die er aus eben diesem Grund führte, ruinierten zur gleichen Zeit die Finanzen des chronisch armen Landes. Ein finanzpolitisches Dilemma, dem auch Peter nicht entrinnen konnte.

An der überkommenen Standesgesellschaft hielt Peter grundsätzlich fest. Die *Rangtabelle* (1722) teilte alle Würdenträger des Militär-, Zivil- und Hofdienstes in vierzehn Klassen ein. Persönliche Fähigkeiten und Verdienste, nicht vornehme Abstammung, sollten für die Karriere ausschlaggebend sein, jedem Bürger wurden gleiche Aufstiegschancen zugesichert. Die Ämtervergabe nach der Befähigung war, wie wir gesehen haben, in Rußland nicht neu; Peter untermauerte das Prinzip des Dienstadels. Höhere Offiziere zum Beispiel gehörten automatisch dem Adelsstand an. Die obersten acht der vierzehn Ränge erhielten sogar den *erblichen Adel*. Auf diese Weise wurden die Reihen des Adels durch Personen unterschiedlicher Herkunft erweitert, die dem Zaren treu ergeben waren, das heißt, die Stellung des Adels in der Gesellschaft wurde wesentlich gestärkt. Der Dworjanin (vgl. Anm. 3) genoß Privilegien, er durfte Land und Leibeigene besitzen und war von persönlichen Abgaben befreit, ihm wurden nun aber auch größere Pflichten auferlegt: Jeder Adelige mußte einen gewissen Bildungsstand erreichen (einschließlich von arithmetischen Kenntnissen), und keiner durfte sich – wie es weitgehend üblich geworden war – dem militärischen oder zivilen Staatsdienst entziehen, *es träfe ihn denn der Tod oder er wäre ehrlos und vogelfrei*[104]. So stellte Peter I., der sich selbst als oberster Diener des Staates begriff, das alte Dienstprinzip wieder her, dem sich der Adel auf Dauer freilich nicht unterwarf.

Dem niedrigsten Stand, den Bauern, hat Peter neue Härten beschert. Die Gutsherren erhielten das Recht, für jeden männlichen Leibeigenen, Säuglinge und Greise nicht ausgenommen, eine Kopfsteuer (*Seelensteuer*) einzutreiben. Bisher hatten die Bauern eine Hofabgabe direkt an den Staat entrichtet.[105] Nun war der Leibeigene seinem Besitzer vollkommen ausgeliefert. Selten genug hat sich der Zar Gedanken über das Schicksal seines entrechteten Volkes gemacht, und wenn, dann weniger aus humanitären, sondern aus fiskalischen Gründen: *Die Bauern sind die Arterien des Staates. So wie mittels der Arterien der ganze menschliche Körper genährt wird, genau so nähren die Bauern den Staat. Deshalb soll man sie pflegen und nicht übermäßig belasten.*[106] Der Nutzen für den Staat beherrschte Peters Denken auch dann, wenn er den Einzelverkauf von Leibeigenen zu unterbinden suchte, *die man veräußert, als wären sie Vieh, was nirgendwo in der Welt üblich ist und woraus kein geringes Wehklagen entsteht* – allenfalls sollten ganze Familien verkauft werden –[107], oder wenn er Gutsherren kritisierte, die ihre Bauern *schlagen und quälen*, und ihnen verbot, Leibeigene zu einer Heirat gegen ihren Willen zu zwingen (1724). So sicherte der Bauer mit seiner Arbeit den Dienst am Staat, zu dem der Zar den Adeligen verpflichtete, den er dafür mit dem Besitz der Russischen Erde entlohnte.

Andere Regierungsformen wurden notwendig, damit das neue komplizierte Staatswesen funktionierte. Peters Verwaltungsreform war ein wichtiger Schritt von einem primitiv organisierten Agrarstaat, von der russischen Selbstherrschaft des 17. Jahrhunderts hin zur Beamten- und Adelsmonarchie des 18. Jahrhunderts mit ihren bürokratischen Auswüchsen und ihrer Diktatur der Dienstränge (tschiny), die Stellung und Wert eines Menschen in der Gesellschaft bestimmten. An die Stelle der Bojarenduma, des alten Ratskollegiums, das seine Bedeutung längst verloren hatte, trat ein *Regierungsführender Senat* (1711). Dieses neun-, später zehnköpfige Gremium, gleichfalls mit Aristokraten besetzt, sollte ursprünglich den Zaren vertreten und wurde dann zur höchsten Verwaltungsinstanz. *Kollegien* (im Sinne von Ministerien) waren für die einzelnen Ressorts zuständig (1718). Als Kontrollapparat wurden *Fiskale* eingesetzt (1711) – vermutlich am preußischen Vorbild orientiert – und später *Prokurore* mit einem *General-Prokuror* als *Auge des Gosudarj* an der Spitze (1722). Er hatte auch darüber zu wachen, daß der Senat seine Amtspflichten erfüllte. Als Verbindungsmann zwischen dem Herrscher und dem Senat hatte der *General-Prokuror* die stärkste Position in der Verwaltung des Reiches; zum ersten Amtsinhaber ernannte Peter seinen Vertrauten und ehemaligen Adjutanten Pawel Iwanowitsch Jaguschinskij. Rußland wurde in *Gouvernements* und *Provinzen* aufgeteilt.

Dem erstarkenden Selbstbewußtsein der städtischen Bevölkerung, das schon im 17. Jahrhundert in Revolten gegen die Ausbeutung durch den Obrigkeitsstaat zum Ausdruck gekommen war, kamen Peters Reformen auf dem Gebiet des Bürgerrechts entgegen. Die Städtefreiheiten Westeuropas vor Augen, dekretierte der Zar die kommunale Selbstverwaltung mit dem Ziel, einen loyalen Bürgerstand zu sich heranzuziehen. Er ließ die Bürger ihre *Magistrate* mit *Bürgermeistern* (Peter führte den deutschen Begriff ein) selbst wählen. Es versteht sich, daß der Fiskus auch von dieser Reform profitierte: Für das Recht, der Amtsgewalt der Wojewoden (Gouverneure) nicht mehr zu unterstehen, mußten die Städte eine gehörige Summe bezahlen. Unterschieden wurde zwischen *regulären* und *gemeinen* Bürgern. Zu den *Gemeinen* gehörten Taglöhner und Arbeiter. Die *Regulären*, die keinen Militärdienst leisten mußten, gliederten sich in *Gilden*.

In den *Gilden* spielten die Kaufleute eine besondere Rolle. Ihr Stand lag Peter sehr am Herzen und wurde entsprechend privilegiert, denn der so wichtige Außenhandel, die Vorstöße auf den Weltmarkt, sollten nach dem Wunsch des Zaren in russischer Regie verbleiben. Diese Erwartung erfüllte sich nicht. Die russischen Kaufleute hielten an ihrem veralteten Geschäftsgebaren fest, von modernen Formen, Handelsgesellschaften zum Beispiel, hielten sie nichts, nur selten liefen russische Kauffahrer fremde Häfen an. Holländer, Engländer und Deutsche behielten im Ost-West-Handel die Oberhand. Zudem hatte der Staat das Monopol auf die wichtigsten Güter des Landes, das Getreide vor allem, an sich gerissen, die er zu niedrigen Preisen aufkaufte und mit Gewinn ins Ausland weiterverkaufte, wobei, zum Schaden der Russen, die westeuropäischen Kompanien die Preise diktierten. Der privaten Initiative russischer Handelsherren blieb da ohnehin wenig Spielraum.

Die gesamte Verwaltungsreform, die Peter, kriegsbedingt, spät initiierte, litt unter einem Übermaß ineinandergreifender alter Einrichtungen und neuer Behörden mit entsprechendem Kompetenzwirrwarr. Hier ließ nicht nur die Handschrift des Zaren ihre sonst so klaren Linien vermissen, es fehlten auch Sachverstand und Motivation jener, die das neue Rußland repräsentierten.

Mißtrauen herrschte zwischen Kirche und Staat, seit Peter I. regierte. Die Hand des Klerus spürte der Zar hinter den Strelizen; in den Klöstern waren verschwörerische Kräfte am Werk, Mönche verbreiteten jene heimlichen Sendschreiben, die das Volk zum Aufruhr riefen. Die Kirche war gegen das Neue, das der Selbstherrscher verfocht, Geistliche blickten auf den Thronfolger Alexej, Gläubige und Altgläubige[108] standen in den Reihen der Opposition. Die Kirche hatte gewaltige Macht – als Institution und über die Herzen des gläubigen, unwissend-abergläubischen Volkes. *Das einfache Volk weiß nicht, wie sich die geistliche Gewalt von der selbstherrscherlichen unterscheidet; verwundert über die große Ehre und Würde des obersten Hirten, kommt es auf den Gedanken, daß ein solcher Regent ein zweiter regierender Herr ist, dem Selbstherrscher an Kraft und Stärke gleich, oder ihm sogar überlegen, und daß die geistliche Würde eine andere und bessere Herrschergewalt ist.*[109] So war es unerläßlich, daß Peter die orthodoxe Kirche in sein Reformwerk einbezog. Der Tod des Patriarchen Adrian (16. Oktober 1700) kam ihm dabei zustatten. Der Zar verhinderte die Wahl eines Nachfolgers, indem er es vermied, seinen Kandidaten zu nennen, und statt dessen den Metropoliten von Rjasan, Stephan Jaworskij, zum Patriarchatsverweser bestimmte. So blieb der Stuhl dessen unbesetzt, der in seiner Würde die Unfehlbarkeit verkörperte, die die rechtgläubige Kirche für sich in Anspruch nimmt. Erst zwei Jahrzehnte danach – der Große Nordische Krieg war praktisch beendet – ging Peter daran, die russisch-orthodoxe Kirche nach seinem Willen umzugestalten. (Die Schule diente schon nicht mehr allein der Kirche. Mit der Einführung des weltlichen Unterrichts war das Lehr- und Bildungsmonopol der Geistlichkeit bereits gebrochen.) Durch das *Geistliche Reglement* (Kirchengesetz) vom 25. Januar 1721 wurde eine Staatsbehörde eingesetzt, der *Heiligste Dirigierende Synod* (*Geistliches Kollegium*), der die Stelle des Patriarchats einnahm.[110] Der *Ober-Prokuror* des Synods, ein Laie, verbürgte die staatliche Aufsicht über die Kirchenleitung, deren Mitglieder dem Zaren einen Amtseid schworen. So schuf Peter I., sozusagen, ein Ministerium für religiöse Angelegenheiten und nahm der Kirche ihre institutionelle Eigenständigkeit. Die kirchliche Gerichtsbarkeit wurde eingeschränkt, der Besitz der Klöster beschnitten. Peter verminderte die Zahl der Mönche, über die er sich wiederholt kritisch äußerte: *Heute führen die Mönche ein Klosterleben nur zum Schein. Die meisten von ihnen sind Müßiggänger. Jeder aber weiß, daß Aberglaube und Empörung aus Müßiggang entstehen ... Bemühen sie sich etwa, die heiligen Schriften zu verstehen oder andere zu unterrichten? Keineswegs. Wem nützen sie also? In Wahrheit weder Gott noch den Menschen.* Peter monierte, daß sich die Klöster, gerade in den Städten, nicht selbst ernährten, und daß sich ihre wenig heiligen Insassen nur *den dringendsten Pflichten entziehen wollen, der Arbeit und der Bezahlung von Steuern*[111]. Damit die Mönche, die wie die Geistlichen nicht besteuert wurden, nützliche Arbeit leisteten, ordnete der Zar an, daß in den Klöstern künftig für das Gemeinwohl gearbeitet werde, zum Beispiel bei der Alten- und Krankenpflege. Freie Klosterstellen wurden mit ausgedienten Soldaten besetzt; die Mönche mußten die Invaliden versorgen.

Die Widersprüchlichkeiten in Peters Charakter wurden auch im Verhalten des Herrschers gegenüber Kirche und Religion offenbar. Zeitgenossen haben die Gottesfurcht und «Kirchenzucht» des Zaren gerühmt, «der es doch nicht leicht versäumte, dem öffentlichen Gottesdienst beizuwohnen, der sich so eifrig an das Wesentliche der Religion hielt und die ausdrücklichen Gebote Gottes beachtete». Die Entheiligung des Sonntags konnte der Monarch durchaus nicht leiden, Störungen kirchlicher Andachten, zum Beispiel durch lautes Schwatzen, belegte er mit strengen Strafen.[112] Einerseits berief sich der Zar ständig auf Gott, stand andächtig im Gotteshaus und stimmte inbrünstig die kirchlichen Gesänge an, andererseits veranstaltete er noch im Mannesalter *allertrunkenste Konzile* und setzte *allernärrischste Patriarchen* ein. Durch diesen Spott hat Peter I. die Gefühle seines Volkes zweifellos schwer beleidigt, denn für die Rechtgläubigen waren Zeremoniell und Glauben eng miteinander verknüpft. Doch das kümmerte den Zaren nicht. Der absolute Monarch berief sich nicht nur mit Worten auf Gott, er glaubte unerschütterlich an den göttlichen Auftrag, der ihn zum Haupt auch der Kirche in seinem Reich mache. Rechtgläubige Monarchie und absolutes Staatskirchentum – dieses Axiom hat Peter fester denn je in Rußland verankert.

Die Kirche als Dienerin der Selbstherrschaft war nun dem Staat völlig unterworfen, die kirchliche Organisation Teil des Staatsapparats, die Geistlichkeit ein Zweig der Beamtenschaft. Als geistliche Würdenträger ungeachtet der Reform nach einem Patriarchen verlangten und im Synod dem anwesenden Zaren eine entsprechende Bittschrift unterbreiteten, sprang Peter auf, schlug sich auf die Brust und rief erregt: *Da, da habt ihr euren Patriarchen!* Er stand auf und ging davon.[113]

Der Zar suche Rußland den Berg hinaufzuziehen, Millionen aber zögen das Land wieder herab, schrieb Iwan Pososchkow, der Zeitgenosse Peters und scharfe Kritiker russischer Zustände.[114] Die Willkür von Richtern, welche Gesetze seine Majestät auch erlassen mag, Bestechlichkeit, Hochmut und Arroganz der Beamten, die Härte der Leibeigenschaft, die Pososchkow beklagte, waren Peters stärkste Feinde. Hinzu kam die Trägheit einer Nation, die zwar begeisterungsfähig ist und denjenigen schätzt, der Höchstes zu erreichen sucht, die aber dennoch weit eher dazu neigt, in Passivität und Leidensfähigkeit zu verharren.

Die Schwäche des Moskauer Staates, das hatte der junge Herrscher schnell erkannt, war nicht zuletzt Folge der Unwissenheit seiner Bewohner, der allgemeinen Rückständigkeit auf geistigem und technischem Gebiet. Ausländische Experten – allein die *Große Gesandtschaft* hatte fast tausend Fachleute angeworben – lösten die Probleme nicht. Peter I. legte die Grundlage für ein weltliches Schulsystem; Kirche und Geistlichkeit

Der Zar suchte Rußland den Berg hinaufzuziehen

verloren ihr Monopol auf die Bildung des russischen Volkes. Die Schulen, die der Zar ins Leben rief, dienten der fachlichen Ausbildung in Mathematik und Navigationskunst, Allgemeinmedizin und Chirurgie, im Ingenieur- und Artilleriewesen, in Geodäsie und Kartographie. Im Ural gab es Lehrstätten für das Hüttenwesen. Jeder junge Adelige und Beamtensohn im Alter von zehn bis fünfzehn Jahren mußte eine *Ziffernschule* zur allgemeinen und mathematischen Grundausbildung besuchen und sich einer förmlichen Prüfung unterziehen. Wer sich der Lernpflicht entzog, durfte nicht in den Stand der Ehe treten. (Schulunterricht für die Bauern war in Peters Volksbildungswerk nicht vorgesehen.) Der Zar, der deutsch und holländisch sprach, kümmerte sich um korrekte Übersetzungen technischer und wissenschaftlicher Werke: *Bemühen Sie sich, verständlicher zu übersetzen, vor allem jene Teile, die lehren, wie man es in der Praxis machen soll. Man darf nicht Wort für Wort am Text kleben. Der Übersetzer soll, hat er den Inhalt verstanden, sich so ausdrücken, daß das, was der Verfasser meint, am besten begreiflich wird.* (Februar 1709, Brief an Nikita Sotow, den früheren Lehrer und Vertrauten, der ein Buch über das Fortifikationswesen übersetzte.) *Wer Sprachen kann, aber nicht sachverständig ist, soll die Künste* (die angewandten Naturwissenschaften) *erlernen, wer die Künste versteht, aber nicht sprachkundig ist, soll zum Erlernen der Sprachen beordert werden.* (Ukas vom 23. Januar 1724.)[115]

Der Geist der beginnenden Aufklärung hat Peter bewegt. (Voltaire wird dem Zaren dafür huldigen.[116]) Der Kampf gegen Aberglauben und Zauberei ist ein Beispiel. Als 1706 eine Sonnenfinsternis bevorstand, ordnete Peter an, man solle das den Leuten vorher sagen, *damit sie darin nicht ein Wunder sehen. Wenn die Menschen darum wissen, ist es nämlich kein Wunder mehr.* Monstrositäten – Mensch oder Tier, tot oder lebendig – ließ der Zar aus dem ganzen Reich nach Petersburg kommen und klärte seine Landsleute über die natürlichen Ursachen von Mißgeburten auf: ... *Gott schuf die ganze Schöpfung, über kein einziges Geschöpf hat der Teufel Macht.* (Ukas vom 13. Februar 1718.)[117]

Groß im geistigen Sinn dieses verfänglichen Beiworts ist Peter, der Praktiker, nicht gewesen. Literatur bedeutete ihm nichts; Kunst beeindruckte ihn nur oberflächlich, im Sinne der Prachtentfaltung. Aber er hat den Wissenschaften – *auf ihrer Reise von Griechenland und Italien über England, Frankreich und Deutschland zu uns* – in Rußland eine bleibende Heimstätte gesichert. In den Gesprächen mit Leibniz, mit dem Peter zwischen 1711 und 1716 wenigstens dreimal zusammentraf (in Torgau, Karlsbad und Pyrmont), wurde der Gedanke vertieft, nach westeuropäischem Vorbild eine Akademie zu gründen. Am 11. Juni 1718 erging die Order: *Jetzt aber unter den Russen solche ausfindig machen, die gelehrt sind und Neigung dazu haben.*[118] Peter hatte die Royal Society vor Augen, von der er in England erfuhr, und die Académie des Sciences, die ihn ein halbes Jahr zuvor, nach seinem Besuch in Paris, in ihre Reihen aufgenommen hatte. (Der Zar revanchierte sich für diese Ehre, indem er eine neu erstellte Karte des Kaspischen Meeres in die französische Hauptstadt sandte.) Am 28. Januar 1724 wurde die russische Akademie der Wissenschaf-

Erste Seite des neuen bürgerlichen Alphabets mit einer Anmerkung Peters

ten in Petersburg gegründet, am 27. Dezember 1725, elf Monate nach Peters Tod, traten die siebzehn Akademiemitglieder, Franzosen, Deutsche, Schweizer, zum erstenmal zusammen. Russen waren nicht unter ihnen. (Die erste russische Universität wurde 1755 in Moskau ins Leben gerufen.) Der Zar richtete eine *Kunstkammer* ein (1719), das erste staatliche Museum in Rußland, mit einer öffentlichen Bibliothek. Diese Einrichtung hatte mit *Kunst* – Peter verwendete das deutsche Wort – nichts zu tun. Es war ein Raritätenkabinett, in dem der Zar in großen mit Spiritus gefüllten Glasbehältern auch seine gesammelten Mißgeburten zur Schau stellte («ein Schäfchen mit zwei Mäulern und zwei Augen an den Seiten, ein kleiner Hammel mit sieben Beinen» usw.). *Ich will, daß die Menschen sehen und lernen*, sagte der Monarch, *laßt künftig jeden herein, der dies wünscht. Man zeige und erkläre ihm alles.*[119] Damit die Leute mehr lernten, sollten sie leichter lesen können. Peter vereinfachte die kirchenslawische Schrift durch ein *bürgerliches Alphabet* (1710). Bücher weltlichen Inhalts werden seither in den neuen klaren Lettern gedruckt. Am 3. Januar 1703 erschien in Moskau, später in Petersburg, die erste russische Zeitung. Peter nannte sie *Wjedomosti*, das heißt *Berichte* oder Nachrichten.[120] Vom 1. Januar 1700 an galt in Rußland der Julianische Kalender (s. den Hinweis am Ende des Bandes).

Noch einmal (1716–17) reiste Peter nach Westen, diesmal ganz der Zar, des schützenden Inkognitos bedurfte er nicht mehr. Ein *Lernender* war er geblieben, aber er hatte Rußland machtvoll in die internationale Arena geführt und damit das europäische Gleichgewicht gestört. Rivalitäten brachen auf. Alte Freunde zogen sich zurück, neue Allianzen entstanden: Die britische Russophilie im Bündnis gegen Schweden hatte Grenzen, wenn es um Positionen auf den Meeren ging. Ludwig XIV. war gestorben, auf den sich die Schweden verlassen konnten. Frankreich schien zu einem Frontenwechsel bereit. Peter erkannte die Chance. Ein Besuch in Paris würde das Ende des Nordischen Krieges beschleunigen. Im Mai 1717 wurde der Zar in der französischen Hauptstadt mit großen Ehren empfangen. Diesmal war die Reise ein voller diplomatischer Erfolg. Es kam zu einem Vertrag. Rußland, Frankreich und Preußen verständigten sich über die künftige Ordnung im europäischen Norden. Der Krieg war noch im Gange, aber Peter hatte den Frieden für sein Land schon gewonnen.

Rußland ist Teil Europas, es ist aber auch ein asiatisches Land. Nach Westen hat Peter das Fenster durchgeschlagen. Ein Tor im Osten brauchte er nicht aufzusperren. Es stand schon weit offen, als der Zar begann, das Land nach seinem Bilde umzugestalten. Längst waren Russen über den Ural und durch Sibirien gezogen. Nicht nur mit dem Schwert, auch mit dem Kreuz in der Hand und mit der Leidenschaft von Entdeckern eroberten die Moskowiter ihr riesiges Reich. Das Beste aus Europa und aus den asiatischen Kulturen in sich aufzunehmen und es fortzuentwickeln, schien Rußland bestimmt zu sein. Leibniz trug die Idee einer Vermittlung zwischen Europa und Asien an Peter I. heran (die Slawophilen haben sie später vertieft und den Russen in Asien eine zivilisatorische Mission zugeschrieben). Auf Peters Geheiß schob sich Rußland weiter vor, an der pazi-

Peter in Paris. Der siebenjährige König Ludwig XV. begrüßt den Zaren im Louvre

Der eherne Reiter – das erste Denkmal in Rußland: Am Ufer der Newa läßt Katharina II. die Große das Standbild Peters des Großen enthüllen (1782)

fischen Küste und am Rand der Kasachensteppe. Den Orienthandel vor Augen führte der Zar sein Heer gegen die Perser (1722), faßte am Kaspischen Meer und im Kaukasus Fuß. Doch einen Plan, zum Persischen Golf vorzustoßen, das sogenannte Testament Peters des Großen, hat es nie gegeben.[121] Visionen über Räume und Zeiten hinaus haben den Zaren in seinen letzten Lebensjahren beschäftigt, vom Handelsstützpunkt auf Madagaskar bis zu einem Weg, der *über das Eismeer nach China und Indien führt. Mein schlechter Gesundheitszustand zwingt mich, abgeschlossen in meinem Zimmer zu leben. So habe ich Muße zum Nachdenken gehabt und mich an verschiedene Pläne erinnert, zu deren Verwirklichung mir die Zeit fehlte. Da Rußland nun keine Feinde mehr zu fürchten hat, muß ich daran denken, das Vaterland mit Ehren auf dem Gebiet von Kunst und Wissenschaft zu bedecken.* Mit diesen Worten gab Peter fünf Wochen vor seinem Tod dem Kapitän Vitus Bering den Auftrag[122], danach zu forschen, ob es eine Landverbindung hinüber nach Alaska gebe: Rußland und Amerika, die Gegner und Partner der Zukunft, rückten einander näher.

Eine innere Unruhe, der rastlose Einsatz für den Staat, Überanstrengung und Ausschweifungen, wie übermäßiger Alkoholgenuß, hatten Peters Gesundheit untergraben. Hinzu kam der Kummer, über seinen Sohn, über die Korruption und Unfähigkeit selbst in seiner nächsten Umgebung. Wichtige Vorhaben gelangen meist nur, wenn sich der Herrscher persönlich um sie kümmerte. So war Peter unablässig unterwegs. Trotz häufiger Krankheiten inspizierte er Eisenhütten, Manufakturen und Kanalarbeiten, seine Schiffe und seine Regimenter. Wie in den jungen Jahren packte der Zar voller Ungeduld überall eigenhändig zu. Um den Rat der Ärzte, die zur Zurückhaltung mahnten, kümmerte er sich kaum. Andererseits wurde der Gang der Staatsgeschäfte durch Peters nachlassende Energie, durch Phasen von Apathie und Depression, gehemmt.

Am 5. November 1724 ereignete sich ein folgenschwerer Zwischenfall. Auf einer seiner Inspektionsfahrten entdeckte der Zar im Finnischen Meerbusen nahe der Newa-Mündung ein gekentertes Boot, das der Sturm auf eine Sandbank geschleudert hatte. Einige der Insassen, es wa-

Peter der Große auf dem Totenbett. Gemälde von Iwan Nikitin

ren Soldaten, die nicht schwimmen konnten, kämpften in der rauhen See um ihr Leben, andere mühten sich verzweifelt, ihr Fahrzeug wieder flottzumachen. Peter ließ sich in einer Schaluppe zur Sandbank rudern und beobachtete mit wachsender Ungeduld, was geschah. Er wollte schneller helfen, eingreifen, sprang über Bord und watete, bis zum Gürtel im eiskalten Wasser, zur Unfallstelle. Nachdem das Rettungsmanöver geglückt war, kehrte der Zar an Land zurück. In der Nacht überkamen ihn Fieber und Schüttelfrost. Der brennende innere Schmerz, an dem er seit einiger Zeit litt, stellte sich wieder ein. Die Ärzte hatten ein Blasen- und Nierenleiden konstatiert und eine Öffnung der Harnblase vorgenommen. (Auch eine venerische Krankheit sei aufgebrochen, wurde bei Hofe geflüstert.) Peters Zustand verschlimmerte sich. Mehrere Male noch zeigte sich der Monarch in der Öffentlichkeit, aber seine Kräfte verfielen rasch. Die Entzündungen der Harnwege und im Darmbereich waren in Brand übergegangen. Dreimal im Laufe weniger Tage verlangte Peter nach einem Priester, der ihm die Beichte abnahm und die Sterbesakramente spendete. Man hörte die Worte: *Ich glaube ... Ich hoffe ...* Am Nachmittag vor dem Ende bat der Zar um sein Schreibgerät. Mühsam kritzelte er aufs Papier *Gebt alles ...*, aber die Feder entglitt seinen Händen. Da wollte der Sterbende seine Tochter Anna sehen, wahrscheinlich, um ihr den letzten Willen zu diktieren. Als Anna Petrowna kam, war der Vater schon in Agonie versunken. Am 28. Januar 1725 gegen sechs Uhr morgens ist Peter I., im 53. Lebensjahr, unter qualvollen Schmerzen gestorben.

Als Peter der Große in der Kathedrale der Peter-Pauls-Festung in St. Petersburg zu Grabe getragen wurde, rief Erzbischof Feofan Prokopowitsch, der berühmte Prediger und Mitstreiter des Zaren, der Trauerversammlung zu: «Oh ihr Bewohner Rußlands (rossijanje). Was müssen wir erleben! Was sehen wir, was tun wir? Es ist Peter der Große, den wir begraben. Aber der Kummer soll nicht unsere Kräfte verzehren. Denn dieser große Herrscher, unser Vater, der uns verließ, hat uns doch nicht allein gelassen. Er ist gegangen, doch bleiben wir nicht in Armut zurück. Die Kraft und sein Ruhm, dieser unermeßliche Reichtum, den seine Taten bezeugen, bleibt uns erhalten. Sein Rußland, so wie er es schuf, wird fortbestehen. Von den Guten wird Rußland geliebt, das hat er vollbracht. Sie werden Rußland auch in Zukunft lieben. Von seinen Feinden wird Rußland gefürchtet, auch das hat er vollbracht. Sie werden Rußland weiterhin fürchten. Vor aller Welt hat er Rußland mit unsterblichem Ruhm bedeckt. Weil sein Fleisch zerfallen ist, hat uns Peter der Große verlassen. Sein Geist aber bleibt uns.»

Hinweis

Die im Text enthaltenen Daten sind, außer bei nichtrussischen Ereignissen, nach dem alten Stil, dem julianischen Kalender Caesars angegeben, den Peter I. zum 1. Januar 1700 einführte. Die gregorianische Zeitrechnung, die Papst Gregor XIII. vom Oktober 1582 an verfügte, um den astronomischen Ablauf der Zeit aufzuholen, wurde in Rußland erst im Februar 1918 übernommen. (Auch England zum Beispiel hat – aus antikatholischer Tendenz – den gregorianischen Kalender nicht sofort eingeführt; dort gilt er seit 1752.) Bei der Umrechnung russischer Daten in westeuropäische müssen von 1582 bis 1700 zehn, im 18. Jahrhundert elf, im 19. Jahrhundert zwölf und im 20. Jahrhundert bis 1918 dreizehn Tage addiert werden.

Bis 1700 wurden in Rußland die Jahre nicht von Christi Geburt, sondern, nach byzantinischem Brauch, von der «Erschaffung der Welt» an gezählt. Das Jahr begann nicht am 1. Januar, sondern am 1. September. Die Differenz gegenüber der westeuropäischen Zeitrechnung betrug 5508 Jahre, für die Zeit von September bis Ende Dezember 5509 Jahre. Das heißt, Peter I. wurde nach dem gültigen Kalender am 30. Mai des Jahres 7180 geboren.

Peter I. – Vater des Vaterlandes, Imperator ganz Rußlands und der Große. Büste von Carlo Rastrelli, 1723

Anmerkungen

1 Russisch Petr, gesprochen Pjotr. Ein russischer Eigenname setzt sich aus drei Bestandteilen zusammen: dem Vornamen, Vatersnamen, d. h. einer vom Vornamen des Vaters abgeleiteten Kennzeichnung, und dem Geschlechts- bzw. Familiennamen. Von wenigen gebräuchlichen Vornamen abgesehen werden in diesem Text russische Namen und Begriffe in der phonetischen Umschrift wiedergegeben, die sich zur Transkription von Wörtern in kyrillischer Schrift eingebürgert hat.

2 Bojaren waren oft Abkömmlinge jener Teilfürsten, die einst in Rußland herrschten; ihre Familien zählten zu den vornehmsten des Landes. Politisch gesehen hatte das Bojarentum im zentralisierten russischen Staat seine Bedeutung verloren.

3 Dworjanin nannte man einen Angehörigen des Kleinadels, der mit der Entmachtung des halbsouveränen Großadels entstanden war. Sein Land, die Gegenleistung für persönliche Dienste, verdankte der adelige Gutsbesitzer (pomeschtschik) dem Zaren. Im 17. Jahrhundert war Rußland zum Idealstaat dieses Landadels, oder Dienstadels geworden.

4 Der Semskij sobor, die Versammlung von Bevollmächtigten des Landes im 16. und 17. Jahrhundert, hatte nur beratende Funktion und wurde unregelmäßig einberufen. Die wichtigste Rolle im sobor spielten der Provinzadel und die Kaufmannschaft (gosti); Bojaren und Geistlichkeit bildeten nur eine kleine Gruppe.

5 Vgl. Reinhard Wittram: «Peter I. Czar und Kaiser. Peter der Große in seiner Zeit». Göttingen 1964. Band I, S. 97. Auf das anspruchsvolle Werk des Göttinger Historikers sei besonders hingewiesen.

6 Zitat bei Robert K. Massie: «Peter the Great. His Life and World». New York 1980. S. 66 (Deutsche Ausgabe s. Bibliographie.)

7 Heute Pereslawlj-Salesskij, 130 Kilometer nordöstlich von Moskau an der Straße nach Jaroslawlj.

8 *Pisma i bumagi* Imperatora Petra Welikowo (*Briefe und Dokumente* des Imperators Peters des Großen), St. Petersburg 1887. Band I, Nr. 6. Eine Edition unter diesem Titel ist seit 1887 in St. Petersburg/Petrograd/Leningrad und in Moskau erschienen. Bei Drucklegung dieses Buches lagen zwölf Bände vor, die das Jahr 1712 einschlossen. Fortan zitiert als *Dokumente*.

9 *Dokumente I*, a. a. O. Nr. 7

10 Das Dreifaltigkeitskloster, 60 Kilometer nordöstlich von Moskau, entstand im 14. Jahrhundert und wurde zum reichsten Klostersitz des russischen Nordostens. Anfang des 17. Jahrhunderts, in der Zeit der Wirren, widerstand die

Klosterfestung der Belagerung durch die Polen. Die Stadt, die an ihren Mauern entstand, heißt seit 1930 Sagorsk, zu Ehren des Moskauer Parteifunktionärs W. M. Sagorskij, der im Bürgerkrieg ums Leben kam. Die Klosterstadt ist heute ein beliebtes Touristenziel.

11 *Dokumente I*, a. a. O. Nr. 10

12 Johann Ignatius Kurtz, Internuntius des Kaisers des Heiligen Römischen Reiches, nach Rückkehr von seiner Moskauer Mission. Niedergeschrieben in Wien, Dezember 1691, zit. bei Wittram, a. a. O., S. 101

13 Jacob von Stählin: «Originalanekdoten von Peter dem Großen», Leipzig 1785. Neuausgabe München 1968, S. 44. Stählin, ein deutscher Gelehrter, wurde 1735 nach Rußland berufen. Er starb als Wirklicher Staatsrat 1785 in St. Petersburg.

14 Ebd., S. 29

15 *Dokumente I*, a. a. O. Nr. 21

16 Ebd., Nr. 29

17 S.M. Solowjow: «Geschichte Rußlands seit den ältesten Zeiten» (russ.). St. Petersburg 1896. 3. Buch, 14. Band, 3. Kap., Sp. 1148

18 Hinweis in mehreren Briefen nach Moskau. *Dokumente I.* a. a. O. Nr. 111–114

19 Wortlaut bei Valentin Gitermann: «Geschichte Rußlands». Hamburg 1949. 2. Band, S. 408

20 Grigorij Kotoschichin, ein früher russischer Dissident, schrieb in seinem berühmten Pamphlet über die moskowitischen Verhältnisse: «... Sollte irgendeiner, und wäre er ein Fürst oder ein Bojar, sich heimlich, ohne den Zaren um Erlaubnis gebeten zu haben, ins Ausland begeben (oder seinen Sohn oder seinen Bruder hinschicken), so würde man ihm das als Hochverrat anrechnen ... und fänden sich in Rußland Verwandte von ihm, so würde man sie foltern, um zu erfahren, ob sie von seinem Vorhaben wußten.» Gitermann, a. a. O. S. 403. Der gekränkte Diplomat Kotoschichin hatte mit den Schweden kollaboriert und war 1664 aus Rußland geflohen.

21 Einzelheiten der «Affäre Zickler» wurden an Hand der Prozeßakten in einer neueren sowjetischen Veröffentlichung mitgeteilt, vgl. N. B. Golikowa: «Politische Prozesse unter Peter I.» (russ.). Moskau 1957. S. 87f. Siehe auch Stählin, a. a. O. S. 18f. Iwan Zickler (Ziegler, Zykler), ehemaliger Strelizenoberst, aus einer russifizierten ausländischen Familie, gehörte zu den drei Hauptverschwörern. Insgesamt wurden sechs Personen exekutiert. Peter nahm die Gelegenheit wahr, den Vater und andere Verwandte seiner Frau Jewdokija aus Moskau zu entfernen, die mit der Affäre Zickler nichts zu tun hatten.

22 Wittram, a. a. O. S. 131

23 *Dokumente IX/1*, a. a. O. S. 459f

24 Vgl. Kurt Forstreuter: «Preußen und Rußland von den Anfängen des Deutschen Ordens bis zu Peter dem Großen». Göttingen 1955. S. 179

25 *Dokumente I*, a. a. O. Nr. 166

26 Gitermann, a. a. O. S. 60; Wittram, a. a. O. S. 151

27 Albert Lortzing hat sich Peters Auftritt in Saardam angenommen; seine Komische Oper «Zar und Zimmermann» wurde 1837 in Leipzig uraufgeführt.

28 *Dokumente I*, a. a. O. Nr. 186

29 Für die orthodoxe Kirche, die das Verhalten des Menschen bestimmte, war

der Tabak ein «Kraut, das Gott zuwider». Entsprechend verbot die weltliche Obrigkeit seinen Genuß. Erst mit zunehmendem Einfluß der Ausländer wurde das Verbot aufgehoben.

30 Massie, a. a. O. S. 224

31 *Dokumente I*, a. a. O. Nr. 252

32 Der Philosoph, damals am Hof in Hannover, ließ der russischen Gesandtschaft eine Denkschrift überreichen. Vgl. Wittram, a. a. O. S. 152

33 Zariza ist die russische Bezeichnung für die Zarin als Titel und für die Ehefrau des Zaren; Zarewna ist eine Tochter, Zarewitsch ein Sohn des Zaren.

34 Schläge mit der Knute, einer etwa ein Meter langen dicken Lederpeitsche, rissen dem Delinquenten die Haut vom Rücken und drangen, je nach Stärke, bis auf die Knochen durch. Mehr als 25 Hiebe führten gewöhnlich zum Tod des Opfers.

35 Johann Georg Korbs in lateinischer Sprache abgefaßtes «Diarium itineris in Moscoviam ...» wurde bald nach den Ereignissen in Wien veröffentlicht. Es wird in der Literatur über Peter I. als Hauptquelle für die Rolle des Zaren bei der Vernichtung der Strelizen zitiert.

36 Große Sowjetenzyklopädie, 3. Ausgabe, Moskau 1975. Stichwort «Peter I. der Große».

37 Augenzeugen für die vielfach kolportierten und ausgeschmückten Berichte über die Henkersdienste des Zaren haben sich nicht gemeldet. Sie gehen auf Relationen des kaiserlichen Gesandten Christoph Ignaz Edler vom Guarient und seines Sekretärs Korb zurück. Historische Beweiskraft haben sie ebensowenig wie Guarients Bericht vom 18. Februar 1699, Peter habe die Bojaren gezwungen, der Sezierung einer Strelizen-Leiche beizuwohnen, die der wissenschaftlich ambitionierte Zar vorgenommen habe. Urkunden über Peters Verhalten gibt es nicht.

38 Korbs «Diarium», zit. bei Wittram, a. a. O. S. 178

39 Priester und Bauern durften ihre Bärte ohne besondere Abgabe behalten. Kam ein Bauer jedoch in die Stadt, mußte er für seine Barttracht eine Kopeke Gebühr entrichten. Die *Bartsteuer* war abgestuft; reiche Kaufleute zahlten den Höchstsatz von 100 Rubeln jährlich.

40 Mitte des 12. Jahrhunderts, als die Chronik Moskau zum erstenmal erwähnte (1147), war das Städtedreieck Susdal–Wladimir–Bogoljubowo ein Zentrum des alten russischen Reiches (230 Kilometer nordöstlich der heutigen Metropole). Zarentum und Orthodoxie waren die Fundamente des Staates. Entsprechend dienten die Klöster häufig als Verbannungsort und als Staatsgefängnis.

41 Das Gebiet an der Ostseeküste, in dem die Stämme der Liven, Letten und Esten (Tschudj) siedelten und Deutsche lebten, wurde Livonien oder Livland bzw. Estland genannt. (Heute sind dort die Sowjetrepubliken Lettland und Estland etabliert.) Von Patkul, ein Abkömmling der deutschen Ordensherren, hatte als Sprecher der livländischen Ritterschaft gegen die sogenannte Reduktionspolitik der schwedischen Krone gekämpft, durch die der Einfluß des Adels nicht nur in Schweden selbst, sondern auch in allen Besitzungen des nordischen Reiches «reduziert» werden sollte. Das Königsrecht wurde mit großer Härte durchgesetzt. Patkul, in Schweden zum Tod verurteilt, hatte sich der Hinrichtung durch die Flucht entzogen (vgl. Anm. 58).

42 Bericht des sächsischen Generalmajors von Langen an August II. vom 10. August 1700. Dresdner Staatsarchiv, Band 3 der Akten über den Polnisch-

Schwedischen Krieg.
43 M. M. Bogoslowskij: «Peter I. Materialien für eine Biographie» (russ.), Moskau 1940–1948, 4. Band S. 405f. Im Ewigen Frieden zu Kardis 1661 wurden die bestehenden Grenzen festgeschrieben, das heißt, auch die am Beginn des Jahrhunderts verlorenen russischen Gebiete blieben unter schwedischer Herrschaft.
44 *Dokumente III*, a. a. O. Nr. 624
45 Artikel 2 des Bündnisvertrags zwischen August II. und Peter I. vom 11. November 1699. *Dokumente I*, a. a. O. Nr. 282
46 Ungewöhnliches hat sich mit dem Herzog von Croy zugetragen, der einst in kaiserlichen Diensten gegen die Türken focht, jetzt aber zu einem hochgestellten Trunkenbold und Schuldenmacher abgesunken war. Als Karl Eugen eineinhalb Jahre nach der Gefangennahme im schwedischen Reval starb, verweigerten ihm die Gläubiger, altem Recht folgend, eine ordentliche Bestattung, vergeblich hoffend, daß sich so jemand fände, der die Schulden des blaublütigen Toten beglich. Der Leichnam wurde in einem Kirchengewölbe abgestellt, wo er seltsamerweise nicht verweste, sondern, gegen einen Obolus, zweihundert Jahre lang besichtigt werden konnte. In der Erzählung «Der Tod von Reval» hat Werner Bergengruen seiner baltischen Heimat und dem Herzog ein Denkmal gesetzt.
47 Als «*Tagebuch* Peters des Großen vom Jahre 1698 bis zum Frieden von Nystad 1721» wurden auf Anordnung Katharinas II. 1770 Äußerungen Peters und militärische Berichte aus dem «Großen Nordischen Krieg» veröffentlicht. Massie, a. a. O. S. 340
48 *Dokumente I*, a. a. O. Nr. 369 und 370
49 *Dokumente II*, a. a. O. Nr. 442 und 445
50 Wittram, a. a. O. S. 250
51 Brief an Fjodor M. Apraxin, jetzt Admiral der russischen Flotte. *Dokumente II*, a. a. O. Nr. 453
52 Vertrag von Birsen (bei Dünaburg) vom 26. Februar (9. März) 1701 zwischen Peter I. und August II.
53 Brief an Pjotr Matwejewitsch Apraxin, den Wojewoden von Ladoga, einen Bruder F. M. Apraxins. *Dokumente II*, a. a. O. Nr. 444
54 Brief an A. A. Vinius. *Dokumente II*, a. a. O. Nr. 462. Anspielung auf die nußförmige Gestalt der Insel, die dem Ort den alten russischen Namen Oreschek gab. Die Festung Schlüsselburg diente später als Staatsgefängnis. 1944, nach Beendigung der Belagerung Leningrads durch die Deutschen, wurde Schlüsselburg in Petrokrepostj (Peterfestung) umbenannt.
55 Briefe an F. M. Apraxin und andere. *Dokumente II*, a. a. O. Nr. 517 bis 524
56 Vgl. Große Sowjetenzyklopädie, a. a. O.
57 Stählin, a. a. O. S. 29f
58 Der Vertrag von Altranstädt sah die Auslieferung aller schwedischen «Verräter» vor. Starrköpfig und herrisch, unbeirrt jene Ziele verfolgend, die ihm rechtens erschienen, war Patkul zwischen alle politischen Lager geraten. Dem Zaren diente er unermüdlich, ohne alle russischen Ambitionen zu unterstützen. Ein eindrucksvolles Porträt des Livländers, dessen tragisches Schicksal einst Europa bewegte, vermittelt Massie, a. a. O. S. 409f.
59 Kleinrußland (Malorossija), dieser von den Moskowitern geprägte Begriff, geht auf das 17. Jahrhundert zurück, als sich das Grenzland mit dem Moskau-

er Staat (Welikorossija = Großrußland) vereinigte (1654). Im Ewigen Frieden mit Polen (1686) wurde die Zweiteilung der Ukraine mit dem Dnjepr als Trennungslinie besiegelt. Für nationalbewußte Ukrainer ist der Ausdruck «Kleinrusse» eine Beleidigung; im sowjetischen Sprachgebrauch wird er nicht verwandt (vgl. Anm. 80).

60 Vom 28. Oktober und 6. November 1708. *Dokumente VIII/1,* a.a.O. S. 244f und S. 276f

61 Die *Dokumente IX/1*, erschienen 1950, lassen auf S. 226 den *Tagesbefehl (prikas)* vom 26. oder 27. Juni 1709 noch für sich selbst sprechen. In den *Dokumenten IX/2*, erschienen 1952, wird (S. 980f) nachgetragen, der sogenannte Befehl sei wahrscheinlich eine spätere Zusammenfassung mündlicher Aufrufe Peters an seine Soldaten, die (in gewissermaßen modernisierter Diktion) Einlaß in die Archive gefunden habe.

62 Mit 38000 Mann war Karls Hauptarmee nach Rußland einmarschiert. Jetzt, eineinhalb Jahre später, besaß er noch 22000 Soldaten. Allein die Kälte des Winters 1708/09 hatte die Schweden 5000 Mann gekostet. Die Nachschubkolonnen aus Kurland waren den Russen in die Hände gefallen; aus Polen blieb die Hilfe aus. Tataren und Türken lehnten es ab, sich für die Schweden zu schlagen. Die Russen dagegen waren in bester Form und – Peters Heer zählte 42000 Mann – den Schweden um fast das Doppelte überlegen. Dennoch war Karl XII. nicht zu bewegen, die Kampagne abzubrechen oder die Verhandlungsangebote der Russen zu akzeptieren. Denn bis an sein Ende blieb der fromme König dabei, Gott selbst habe ihn auserkoren, den ungetreuen Zaren für diesen ungerechten Krieg zu bestrafen und ihn von seinem Thron zu stoßen.

63 Solowjow, a.a.O. 3. Buch, 15. Band, 4. Kap., Sp. 1553

64 Stählin, a.a.O. S. 141f

65 Ebd.

66 Siegesbotschaften an Moskauer Würdenträger. *Dokumente IX/1*, a.a.O. S. 227f

67 Zusatz an Admiral F.M. Apraxin, ebd.

68 Es war nicht Peter, der dieses vielzitierte Bild verwandte. Puschkin entlieh den Ausdruck «W Jewropu prorubitj okno» (Ein Fenster nach Europa durchschlagen) den Rußland-Briefen des Grafen Francesco Algarotti, der 1769 schrieb: «Pétersbourg est la fenêtre par laquelle la Russie regarde en Europe.»

69 Adelige hatten sich in Häusern «im englischen Stil» am linken Newa-Ufer niederzulassen; Besitzer von mehr als 500 Bauern waren gehalten, zweistökkig zu bauen. Handwerker und Kaufleute wurden *zum ewigen Wohnsitz* nach Petersburg zwangsverpflichtet. Zehn Jahre nach ihrer Gründung zählte die Stadt an der Newa 34000 Einwohner; als Peter der Große 1725 starb, lebten 70000 Menschen in der neuen Hauptstadt des russischen Imperiums. Unterdessen ging die Einwohnerzahl Moskaus ständig zurück, von rund 200000 Bewohnern Ende des 17. Jahrhunderts auf 140000 im Jahre 1738.

70 Etwa 30000 Menschen sind nach neueren Schätzungen bei den Bauarbeiten umgekommen. In einem einzigen Jahr (1711) gab es in Petersburg und auf der Festungsinsel Kronschlot (Kronstadt) im Finnischen Meerbuen, die den Zugang der Newa deckt, 52000 Fronarbeiter. Neben dem Arbeitsheer der Bauern waren Soldaten, Sträflinge und schwedische Kriegsgefangene eingesetzt.

71 *Dokumente IV/1,* a. a. O. S. 368f
72 Bericht des englischen Residenten James Jefferyes. Wittram, a. a. O. Band II, S. 77
73 Eine Stadt aus Stein, nicht, wie in Rußland üblich, aus Holz, sollte Petersburg mit der Zeit werden. Da es nicht genügend Steinmetzen gab, verbot Peter (1714) für einige Jahre, steinerne Bauten im übrigen Reich zu errichten, und er ließ alle, die mit Steinen umgehen konnten, an die Newa kommen.
74 Viktor Louis: «Von Wyborg nach Moskau». Moskau 1969. S. 7. Die Militärgrenze in Karelien, auf die sich Peter in einem Brief an Scheremetjew bezog, spielte auch im Zweiten Weltkrieg eine Rolle. Stalin erwähnte die «Grenze Peters des Großen», als er 1939 den Finnen seine Vorschläge zur Sicherung Leningrads unterbreitete. Vgl. J.K. Paasikivi: «Am Rande einer Supermacht». Hamburg 1966. Von Leningrad zur finnischen Grenze sind es heute 222 Kilometer.
75 Peter an den Fürsten Fjodor Romodanowskij. *Dokumente X*, a. a. O. S. 361
76 Bericht an den Senat in Petersburg vom 15. Juli 1711. Wittram, a. a. O., Band I, S. 383
77 Stählin, a. a. O. S. 40f. Historiker haben die Authentizität dieser Botschaft, deren Original nicht erhalten ist, angezweifelt, weil der Zar so weitreichende Vorkehrungen für den schlimmsten Fall traf, ohne das Ergebnis von Verhandlungen mit dem Gegner abzuwarten. Die sowjetische Forschung ließ diese und andere Bedenken nicht gelten. Sie nahm das Schreiben aus dem Lager am Pruth in die amtliche Dokumentensammlung auf: *Dokumente XI/1*, a. a. O. (erschienen 1962), S. 314f mit Kommentar S. 572f. Den Senat hatte Peter im Frühjahr 1711, zunächst nur für die Dauer seiner Abwesenheit, als Regierungsinstanz eingesetzt.
78 Karl XII. war erst am Jahresende 1715, nach mehr als fünfzehnjähriger Abwesenheit, nach Schweden zurückgekehrt. Der «Heldenkönig» fiel, 36 Jahre alt, am 11. Dezember 1718 vor der norwegischen Festung Frederiksten.
79 Vgl. «Geschichte der UdSSR» (russ.), Redaktion A. M. Pankratowa. Moskau 1950. Band II., S. 23
80 Kosaken sind kein Volk für sich, keine Nationalität. Es waren Russen, die vor der Leibeigenschaft und anderen Formen der Versklavung in die Freiheit der Grenzgebiete des Moskauer Staates flohen. Dort lebten sie seit dem 16. Jahrhundert in der Ukraine, das Wort bedeutet «am Rande», am Don, am Unterlauf der Wolga oder in den Ausläufern des Ural. Es war kein friedliches Leben, denn die Kosaken wurden von Tataren und Türken hart bedrängt. So verwandelten sich die Bauern in verwegene Krieger, die Beutezüge unternahmen. Die Dienste der loyalen Kosaken haben die Zaren jahrhundertelang zu schätzen gewußt.
81 Brief vom 28. März 1706 an Scheremetjew, der Astrachan befrieden sollte. *Dokumente IV/1*, a. a. O. S. 189f
82 Je größer die Macht des Gutsherren über seine Bauern war, desto gesicherter war das Einkommen des Staates und um so wertvoller der Kriegsdienst, den der Landbesitzer für den ihm zugeteilten Boden leisten mußte. Die Fesselung des russischen Bauern an das Land und an seinen Herrn (sakreposchtschenje) wurde unter dem Zaren Alexej Michailowitsch abschließend kodifiziert (durch die Uloschenije, das Gesetzbuch von 1649). Das Prinzip der Leibeigenschaft konnte Jahrhunderte hindurch von keiner Bauernrevolte erschüt-

tert werden (vgl. Anm. 3).

83 Geringfügig gekürzt. Das Original des Briefes, den Peter in Schlüsselburg einem Schreiber diktierte, befindet sich in den Moskauer Staatsarchiven. Wortlaut bei Massie, a. a. O. S. 672f

84 Am 17. März 1712, dem Namenstag des Thronfolgers. Weder Alexej noch Peter waren zugegen, doch ließ sich der Zar eine Abschrift der Predigt kommen.

85 Es waren nicht so sehr die epileptischen Konvulsionen, die Peters Ärzte beunruhigten; sie gingen schnell vorüber, und der Patient fühlte sich wieder ganz normal. Das Fieber zwang den Zaren jedoch oft wochenlang aufs Krankenlager. Es trat nach unmäßigem Alkoholgenuß, ermüdenden Reisen oder während depressiver Verstimmungen auf. Nicht selten fielen mehrere Ursachen zusammen. Linderung und Erholung suchte Peter bei den Quellen von Karlsbad, Pyrmont oder des heimischen Olonjez am Ladogasee. Doch da sich der Patient kaum an ärztliche Vorschriften hielt, hatten die Kuren keinen Erfolg.

86 Brief vom 19. Januar 1716 (auszugsweise). Wortlaut bei Massie, a.a.O. S. 676f. In der Zwischenzeit hatte Peter wieder unter Krämpfen und Fieber gelitten.

87 Karl VI., von 1722 an auch Kaiser des Römischen Reiches Deutscher Nation, war mit der älteren Schwester von Alexejs Frau verheiratet.

88 Brief vom 10. Juli 1717. Massie, a. a. O. S. 687

89 Peter Petrowitsch, eines der zwölf Kinder, die Katharina (Martha Skawronskaja) ihrem Gefährten gebar, starb 1719.

90 Nicht anders als Zar Peter während seiner ersten Ehe hatte Alexej neben seiner Frau eine Mätresse, die finnische Leibeigene Afrosinja. In Pagenkleidung begleitete sie den Thronfolger auf der Flucht. Vor seiner Rückkehr stellte Alexej die Bedingung, das Mädchen heiraten zu dürfen, worauf Peter einging. Gerade Afrosinjas Aussagen ließen den Zaren an die Gefährlichkeit der Absichten seines Sohnes glauben. Für ihre bereitwillige Zusammenarbeit bei der Untersuchung wurde Afrosinja mit Straffreiheit belohnt. Sie starb, verheiratet mit einem Offizier, 30 Jahre nach der Affäre.

91 Wittram, a. a. O. Band II, S. 398f

92 Peter ließ – vor allem für das Ausland – die Version verbreiten, sein Sohn habe einen Schlaganfall erlitten, nachdem ihm das Todesurteil mitgeteilt worden war. In anderen Darstellungen hieß es, Alexej sei heimlich geköpft oder mit Kissen erstickt worden.

93 Wir denken an Carlos, Infant von Spanien, und an seinen Vater, den spanischen Gewaltherrscher Philipp II. Vergleichbar der russischen Tragödie ist der Konflikt zwischen dem preußischen «Soldatenkönig» Friedrich Wilhelm I. und dem Kronprinzen Friedrich, dem späteren Friedrich II. (dem Großen).

94 Der Aufstieg Schafirows war eine Ausnahme, denn schon Iwan IV. hatte Juden den Aufenthalt in Rußland verboten. Auch Peter I. war grundsätzlich *nicht bereit, den Juden Sitz und Wohnung in meinem Reich zu gestatten* (Stählin, a.a.O. S. 27). In Rußland hatte der Antisemitismus vorwiegend wirtschaftliche Ursachen. Angesichts von Beschwerden der russischen Kaufleute erließ Katharina II. ein Gesetz, durch das den Juden praktisch verboten wurde, ihre Wohngebiete im ehemaligen Polen und in der Ukraine zu verlassen.

95 *Dokumente III*, a. a. O. Nr. 819 und 821. *Dokumente IV/1*, a. a. O. S. 184f

96 Massie, a. a. O. S. 371

97 Brief vom 11. März und 3. Mai 1711. *Dokumente XI/1,* a. a. O. S. 144f und S. 215

98 Stählin, a. a. O. S. 182f

99 Massie, ebd.

100 Sommer 1716 in Kopenhagen. Der sächsische Gesandte am Zarenhof Baron von Loss hat als Ohrenzeuge über die Szene berichtet.

101 Eindrücke und Informationen des wolfenbüttelschen Hofrats Georg Christoph von Braun, der im Herbst 1709 den Zaren zwei Wochen lang aus nächster Nähe beobachten konnte. Wittram, a. a. O. Band I, S. 328f

102 Ukas vom 15. November 1723

103 Drei Jahre vor seinem Tod hatte Peter die traditionelle Thronfolge in der männlichen Linie außer Kraft gesetzt und durch Gesetz bestimmt, daß jeder regierende Zar seinen Nachfolger selbst bestimmen könne. Bald nach der Krönung, kurz vor dem Tod des Zaren, war es zwischen Peter und Katharina zu einer schweren Verstimmung gekommen. William Mons, Kammerherr und Vermögensverwalter der Kaiserin, ein jüngerer Bruder der Anna Mons, wurde wegen Bestechlichkeit und Unterschlagung zum Tode verurteilt und in aller Eile hingerichtet. Gerüchte wollten wissen, Katharina und Mons seien allzu «vertraulich» miteinander gewesen. Es ist deshalb möglich, daß Peter in seiner letzten Minute Katharina von der Nachfolge ausgeschlossen wissen wollte.

104 Ukas vom 14. Januar 1722

105 Auch die *Seelensteuer* (*poduschnaja podatj*) von 1719 war dazu erdacht, das chronische Staatsdefizit zu verringern. Mit den Kriegswirren war die Zahl der Höfe (der Familien) in Rußland drastisch zurückgegangen. Es schien, daß die Menschen enger zusammenrückten, um der Steuerlast zu entgehen. So verfiel Peter auf die Idee, den einzelnen Untertan zu besteuern. Die Anzahl der männlichen Einwohner, Stadtbewohner wurden einbezogen, ließ der Zar durch eine *erste Revision* ermitteln. Sie ergab 5570000 männliche *Seelen*, davon 169000 in den Städten, bei einer Gesamtbevölkerung von etwa zehn Millionen (ohne die eroberten Gebiete). Von jeder *Seele* auf dem Lande wurden jährlich 74 Kopeken kassiert (außer dem Leibzins an den Gutsherrn), für städtische *Seelen* betrug die Kopfsteuer 1,20 Rubel im Jahr. Das Problem der «Toten Seelen», der gestorbenen Bauern, hat Gogol in seinem berühmten Werk behandelt.

106 Zitat aus dem Jahre 1716. Wittram, a. a. O. Band II, S. 166.

107 Ukas vom 15. April 1721

108 Altgläubig waren jene, die am eigenständigen Ritual und an den Texten der russischen Kirche festhielten, die durch die Revision des Patriarchen Nikon (Mitte des 17. Jahrhunderts) «gereinigt» worden waren. Ziel dieser Reform, die Zar Alexej Michailowitsch sanktionierte, war es gewesen, für die alten und die neuen Landesteile eine einheitliche Kirche nach griechischem Vorbild zu schaffen. Die Altgläubigen, auch Raskolniki (Schismatiker) genannt, wurden grausam verfolgt und flohen, um der Autorität des Staates zu entgehen, in die Wälder des Nordens oder in die Steppen des Südens. Trotz Peters anfänglicher Duldsamkeit – *Von mir aus mögen sie glauben, woran sie wollen* (wenn sie nur ihre erhöhten Steuern zahlten und sich dem Staat zur Verfügung stellten) – gerieten die Raskolniki in immer schärferen Gegensatz zu der Neuerungspolitik des Zaren.

109 *Geistliches Reglement* (Kirchengesetz) vom 25. Januar 1721. Das umfangreiche Dokument wurde von Feofan Prokopowitsch erarbeitet, dem Kiewer geistlichen Gelehrten und Propagandisten der petrinischen Reformen, und vom Zaren redigiert.

110 Peter orientierte sich an den Behörden der reformierten Kirchen. Dem Synod gehörten bis zu zwölf Mitglieder geistlichen Standes an. Er bestand in dieser Form bis zur Abdankung des letzten Zaren 1917. Noch vor der bolschewistischen Oktoberrevolution trat ein Kirchenkonzil zusammen und wählte einen neuen Patriarchen. Das Patriarchat als höchste geistliche Instanz wurde von der Sowjetregierung bestätigt.

111 Ukas vom 31. Januar 1724

112 Stählin, a. a. O. S. 147f

113 Ebd., S. 163

114 Iwan Tichonowitsch Pososchkow, einer der wenigen Bauern, die Wohlstand und eine bürgerliche Stellung erlangten, hat sich, als Autodidakt, zu gesellschaftspolitischen Fragen geäußert. Berühmt wurde sein an Peter I. gerichtetes Traktat «Von Armut und Reichtum» (1724), in dem er gerechte Gesetze forderte, die unter Beteiligung des ganzen Volkes, auch der Bauern, erlassen werden sollten. Ob der Zar die Schrift gelesen hat, ist nicht bekannt. Wegen seiner Kritik an einflußreichen Kreisen wurde Pososchkow nach Peters Tod eingekerkert und starb 1726 in der Peter-Pauls-Festung.

115 Gitermann, a. a. O. S. 421. Wittram, a. a. O. Band II, S. 216

116 In seiner «Histoire de l'Empire de Russie sous Pierre le Grand», Paris 1885. Voltaire hat Peters Ruhm so einseitig besungen, daß sein Werk in der Geschichtsschreibung übergangen werden kann.

117 Wittram, a. a. O. S. 213

118 Ebd., S. 208

119 «Leningrad – Nachschlagewerk». Leningrad 1969 (russ.). S. 89

120 Die erste Ausgabe umfaßte vier kleine Seiten mit militärischen und anderen Nachrichten.

121 Das «Testament» ist eine Fälschung, die von der napoleonischen Propaganda (1812) aufgegriffen wurde und manche Gemüter im Westen noch heute bewegt. Tatsächlich hat sich Peter der Große aber bemüht, den Handel Europas mit Indien und China von der klassischen Route zum Mittelmeer weg und über Persien nach Rußland (St. Petersburg) zu leiten.

122 *Anweisung* vom 23. Dezember 1724. Henry Vallotton: «Peter der Große». München 1978. S. 412. Vitus Bering, ein Däne in russischen Diensten, entdeckte 1728 die nach ihm benannte Meerenge, die Rußland und Amerika trennt.

Zeittafel

988	Wladimir Swjatoslawitsch, Fürst in Kiew, läßt sich taufen. Bekehrung des Kiewer Russenreiches (Kiewskaja Rusj) zum Christentum.
1054	Trennung der lateinischen (katholischen) Kirche Roms und der griechischen (orthodoxen) Kirche Konstantinopels. Beide Autoritäten beschuldigen einander der Häresie. Zur gleichen Zeit zerfällt das Kiewer Staatswesen in eine Reihe von Fürstentümer.
1147	Gilt als Jahr der Gründung Moskaus. (Am Ende des 13. Jahrhunderts wird Moskau unter dem Tatarenjoch zur Hauptstadt eines kleinen Fürstentums.)
1223	Erster Einfall der Tataren (Mongolen).
1240–1480	Mit der Einnahme Kiews und anderer Städte durch die Tataren beginnt für Rußland eine Zeit der Fremdherrschaft, das Tatarenjoch. Es dauert 240 Jahre.
1453	Konstantinopel wird von den Türken erobert. Moskau, das neue Zentrum des russischen Staates, fühlt sich als Erbe des byzantinischen Reiches und als Hüter des rechten Glaubens.
1462–1505	Großfürst Iwan III. regiert als Selbstherrscher in Moskau. Mit der Angliederung Nowgorods und anderer Regionen setzt er die «Sammlung der russischen Erde» fort.
1505–1533	Unter dem Großfürsten Wassilij III. wird die Ideologie der Selbstherrschaft gefestigt: Der Wille des Herrschers ist dem Willen Gottes gleichgesetzt. Der Großfürst billigt eine Theorie, wonach Moskau (nach dem Fall von Konstantinopel) als «Drittes Rom» der geistige Mittelpunkt der christlichen Welt sei. (Die Vision des heiligen Rußland.)
1547	Folgerichtig läßt sich Großfürst Iwan IV. zum ersten russischen Zaren krönen. Er gibt sich den Titel, der dem griechischen kaisar und dem lateinischen caesar entspricht.
1547–1584	Zar Iwan IV. der Gestrenge greift als erster über herkömmliche russische Grenzen hinaus. Im Osten nimmt er Land der Tataren. Im Westen strebt der Zar zur Ostsee, doch Polen und Schweden versperren den Russen den Zugang zum eisfreien Meer. Im fünfundzwanzigjährigen Krieg um die baltische Küste bleibt Rußland zunächst ein Erfolg versagt.
1598	Nach dem Tod Zar Fjodor Iwanowitschs, des letzten Fürsten aus dem Hause Rurik, kommt es zu einer Zeit der Wirren (smuta). Ausländische Interventen besetzen weite Teile des Moskowitischen Reiches.

1612 Ein Volksheer unter Minin und Poscharskij befreit Moskau von den Polen.

1613 Das Geschlecht der Romanows kommt in Rußland an die Macht.

1645–1676 Zar Alexej Michailowitsch regiert, der Vater Peters des Großen.

1649 In einem neuen Gesetzbuch (Uloschenije) wird die Leibeigenschaft, die volle Fesselung der Bauern an das Land und an die Gutsherren, rechtlich verankert.

1653 Kirchenreform des Patriarchen Nikon. Die Anpassung religiöser Bräuche an die griechischen Urformen mit Revision der liturgischen Bücher führt zur Kirchenspaltung in Rußland (Raskol). Die altgläubigen Gegner der Nikonschen Reform werden von der Staatsgewalt verfolgt, der es darum geht, für alle Landesteile, einschließlich der Ukraine, eine einheitliche Kirche zu schaffen.

1654 Formeller Beitritt der Ukraine zum Moskauer Staatsverband.

1672 30. Mai: Peter Alexejewitsch in Moskau geboren.

1676 29. Januar: Zar Alexej Michailowitsch stirbt. Fjodor Alexejewitsch, Alexejs ältester Sohn aus erster Ehe, besteigt den Thron.

1682 27. April: Nach dem Tod Fjodor Alexejewitschs wird Peter Alexejewitsch zum neuen Zaren bestimmt.

15. Mai: Aufstand der Strelizen. Peter muß die Thronrechte mit seinem Halbbruder Iwan teilen. 25. Juni: Iwan V. und Peter I. werden gemeinsam gekrönt. Für die beiden minderjährigen Zaren übernimmt die Zarewna Sophia Alexejewna die Regentschaft.

1686 «Ewiger Friede» mit Polen. Es folgen Feldzüge gegen die Krim-Tataren.

1689 27. Januar: Heirat mit Jewdokija Fjodorowna Lopuchina. Juli/August: Neuer Konflikt der Hofparteien; Peter flieht in das Sergius-Dreifaltigkeitskloster. Sophia Alexejewna muß die Regentschaft abgeben.

1690 Alexej Petrowitsch, Sohn Peters I. und Jewdokija Lopuchinas, geboren.

1693 Erste Reise Peters nach Archangelsk am Weißen Meer, dem einzigen Seehafen des Reiches.

1694 Natalja Kirillowna, Peters Mutter, stirbt.

1695 Peter belagert erfolglos die türkische Festung Asow an der Mündung des Don ins Asowsche Meer. Er läßt die erste russische Kriegsflotte bauen.

1696 29. Januar: Mit dem Tod Iwans V. wird Peter I. Alleinherrscher. Im Sommer fällt Asow, nun auch von See her eingeschlossen, den Russen in die Hände.

1697 Am Vorabend der *Großen Gesandtschaft* wird eine Verschwörung gegen Peter aufgedeckt. Der Zar nimmt grausam Rache.

10. März: Inkognito reist Peter I. mit seiner Gesandtschaft nach Westeuropa. Seine Stationen sind: Riga, Kurland, Königsberg, Cloppenburg, Zaandam (Holland), Amsterdam. Peter studiert das Kriegs- und Seewesen, er arbeitet als Schiffszimmermann und beschäftigt sich mit westlicher Wissenschaft und Technik.

1698 Mitte Januar trifft Peter in England ein. Anfang Mai ist der Zar wieder in Amsterdam. Von dort fährt die Gesandtschaft nach Wien. Ein

Putschversuch der Strelizen zwingt den Zaren, die Reise abzubrechen. Nach achtzehnmonatiger Abwesenheit trifft Peter Ende August wieder in Moskau ein.
Blutgericht über die Strelizen: 1182 Personen werden exekutiert.
Erste Reformen: Die Bärte müssen ab; Gewänder werden gekürzt; der offizielle Kotau entfällt.
Peter verstößt seine Frau Jewdokija.

1700 Der Zar bricht den Krieg gegen Schweden vom Zaun. Das Ziel: Den Zugang zur Ostsee erobern und so eine direkte Verbindung mit dem Westen schaffen. Die Überlegung: Nur durch Kontakte mit Westeuropa kann die russische Rückständigkeit bekämpft und politische Gleichberechtigung mit den europäischen Mächten errungen werden.

1700–1721 Der Große Nordische Krieg. Durch Zwangsrekrutierungen stampft Peter I. immer neue Truppenkontingente aus dem Boden; faktisch führt er die allgemeine Wehrpflicht ein.

1702 Erstürmung der schwedischen Festung Nöteborg im Ausfluß der Newa aus dem Ladogasee; sie heißt von da an Schlüsselburg.

1703 16. Mai: St. Petersburg gegründet. An diesem Tag beginnen im Mündungsdelta der Newa die Schanzarbeiten; die Peter-Pauls-Festung, die dort entsteht, wird zur Keimzelle der künftigen russischen Metropole.

1705 Peter I. heiratet Martha Skawronskaja in einer nichtoffiziellen Zeremonie.

1705–1708 Die Unzufriedenheit des Volkes mit den Kriegs- und Steuerlasten, die Opposition von Repräsentanten der alten Ordnung gegen die durchgepeitschten Reformen und gegen die Öffnung nach Westen entladen sich in Rebellionen gegen Peters Herrschaft: in Astrachan, bei den Donkosaken, unter Bauern und Altgläubigen, bei den Baschkiren.

1709 27. Juni: Sieg Peters über die Schweden bei Poltawa (Ukraine). Im Jahr zuvor war der schwedische König Karl XII. nach Erfolgen in Polen mit seiner Armee nach Rußland vorgedrungen.

1711 Im Zuge seiner Verwaltungsreform setzt Peter einen *Regierungsführenden Senat* ein; er tritt an die Stelle der Bojarenduma, des Ratskollegiums im alten Rußland, das seine Bedeutung längst verloren hatte.
Glückloser Feldzug gegen die Türken, die Peter den Krieg erklärt hatten. Asow geht Rußland wieder verloren.

1712 St. Petersburg wird Hauptstadt. Der erfolgreiche Verlauf des Nordischen Krieges erlaubt es Peter, die Regierung von Moskau an die Newa zu verlegen.
19. Februar: Offizielle Vermählung des Zaren mit Katharina Alexejewna (Martha Skawronskaja). Peters Lebensgefährtin gebar dem Zaren zwölf Kinder, aber nur zwei Töchter, Anna und Elisabeth, wuchsen heran und überlebten die Eltern.

1716 Im Januar reist Peter zum zweitenmal nach Westeuropa: Nach einer Kur in Pyrmont besucht er in Kopenhagen seinen dänischen Verbündeten; in Havelberg trifft er mit König Friedrich Wilhelm I. von Preußen zusammen; den Winter verbringt er in Holland.

1717 Fieberanfälle zwingen Peter zur Ruhe. Im Mai wird der Zar in Paris mit großen Ehren empfangen; er begrüßt den siebenjährigen König Ludwig XV. Dem mehrwöchigen Aufenthalt in Frankreich schließt sich eine längere Kur in Spa an. Über Holland, wo er seine Frau zurückgelassen hatte, und Berlin kehrt Peter im Oktober nach Petersburg zurück. Die Reise war ein diplomatischer Erfolg. Rußland, Frankreich und Preußen verständigten sich, noch ehe Schweden völlig geschlagen war, über die künftige Ordnung im europäischen Norden.

1718 Der Konflikt Peters mit seinem Sohn, dem Zarewitsch Alexej, spitzt sich dramatisch zu. Von seiner Flucht ins Ausland zurückgekehrt, muß Alexej auf die Thronfolge verzichten. Geständnisse, durch die Folter erzwungen, lassen den Zaren an eine Verschwörung glauben. Wegen Rebellion wird der Zarewitsch zum Tod verurteilt. Peter braucht das Urteil nicht zu bestätigen. Am 26. Juni stirbt der Zarensohn wahrscheinlich an den Folgen der Tortur. Jetzt erst erlischt die konservative Moskowiter Opposition gegen den Reformkurs des Zaren.

Die Modernisierung der Verwaltung wird fortgesetzt; Peter richtet spezialisierte *Kollegien* (im Sinne von Ministerien) ein.

Am 11. Dezember fällt König Karl XII. von Schweden, Peters erbitterter, aber geachteter Gegner, vor der norwegischen Festung Frederiksten.

1719 Die *Kunstkammer*, das erste staatliche russische Museum, wird in Petersburg eröffnet.

1721 Reorganisation der orthodoxen Kirche. Das Patriarchat wird durch ein *Geistliches Kollegium*, den *Synod*, ersetzt. Diese oberste Kirchenbehörde steht unter Aufsicht der Regierung. Dadurch wird der Klerus, ein potentieller Opponent des Zaren, entmachtet. Die Kirche soll, wie jede andere Behörde, allein dem Staat zu Diensten sein. Durch die Einrichtung weltlicher Schulen und technischer Lehranstalten hatte Peter zuvor schon das Bildungsmonopol der Geistlichkeit gebrochen.

30. August: Friede von Nystad; siegreiches Ende des einundzwanzigjährigen Krieges mit Schweden.

22. Oktober: Peter I. Alexejewitsch nimmt den Titel an: *Vater des Vaterlandes, Imperator ganz Rußlands und der Große.* Aus dem Moskauer Staat wird das *Rußländische (Rossijskaja) Imperium.*

1722 Peter setzt die traditionelle Thronfolge in der männlichen Linie außer Kraft und bestimmt durch Gesetz, daß jeder Zar seinen Nachfolger selbst bestimmen kann. (Eine Nachwirkung des Konflikts mit dem Zarewitsch.)

Die *Rangtabelle* teilt alle Würdenträger in vierzehn Klassen ein. Persönliche Fähigkeiten und Verdienste, nicht vornehme Abstammung sollen für die Einstufung ausschlaggebend sein. Der Adelsstand wird durch die Einbeziehung von Personen unterschiedlicher Herkunft, die dem Zaren treu ergeben sind, erweitert.

1722–1723 Im persischen Feldzug fassen die Russen am Kaspischen Meer und im Kaukasus Fuß.

1724 28. Januar: Gründung der russischen Akademie der Wissenschaften.

7. Mai: In der Moskauer Uspenskij-Kathedrale krönt Peter seine Frau

Katharina Alexejewna zur Kaiserin, bestimmt sie aber nicht ausdrücklich als seine Nachfolgerin. Nach Peters Tod (der Zar hinterließ kein Testament) wurde die Kaiserin zur Herrscherin bestimmt. Als Katharina I. regierte sie von 1725 bis zu ihrem Tod 1727.

1725 28. Januar: Peter I. der Große stirbt im 53. Lebensjahr.

Zeugnisse

Gilbert Burnet
Er ist ein Mann von sehr hitzigem Temperament, der sich leicht ereifert, brutal in seiner Leidenschaft. Dieses sein natürliches Ungestüm steigert er noch durch starken Alkoholkonsum; andererseits gibt er sich große Mühe, gegen diese Neigung anzukämpfen. An Fähigkeiten mangelt es ihm nicht, und er hat mehr Kenntnisse, als man es angesichts seiner Erziehung hätte erwarten können, denn diese war sehr mittelmäßig. An Urteilskraft fehlt es ihm aber, und seine labile Natur macht sich zu oft und zu offenkundig bemerkbar. Für Handwerkliches hat er eine Vorliebe, seiner natürlichen Veranlagung nach scheint er eher zum Schiffszimmermann bestimmt zu sein als zu einem Fürsten von Format. Mit Schiffen hat er sich hier auch hauptsächlich beschäftigt ... Er war wirklich entschlossen, selbst zu lernen und sein Volk lernen zu lassen. Leidenschaftlichkeit also und Strenge mischten sich in seinem Temperament ... Nachdem ich ihn oft gesehen und viel mit ihm gesprochen hatte, blieb mir nichts übrig, als die Unerforschlichkeit der göttlichen Vorsehung zu bewundern, die einem so ungestümen Menschen unumschränkte Gewalt über einen so großen Teil der Welt verliehen hatte.

Der Bischof von Salisbury über seine Gespräche mit Peter I., Frühjahr 1698

Friedrich Christian Weber
Der große Monarch, welcher die schwere Krone und den Szepter mit unaufhörlicher Sorgfalt und Wachsamkeit führet, kann mit seiner wohlgeneigten Intention, ja mit seiner Liebe gegen die Untertanen dennoch nicht zu dem vorgesetzten End und Zweck kommen, weil er alles allein und durch sich selbst verrichten muß, weil er sich – nicht ohne Ursach – einbildet, daß alles, was er in seiner gloriösen Regierung verändert, von den Russen mit Widerwillen und nur aus bloßem Gehorsam angenommen wird ... Man weiß, daß Petersburg, Schiffe und Wasser, deutsche Moden und Bartscherer, alle ausländische Sitten und Sprache den meisten ein Greuel sind, und daß alles, was sich in Petersburg niederlassen müsse, nach ihrer Heimat als dem Paradies seufzen und nichts mehr wün-

schen als wieder in den altrussischen Schlamm zu kehren ... Weshalb also dieser große Monarch nach seiner großen Penetration und vortrefflichem Verstande mehr als zu wohl urteilet, daß mit seinem Absterben der Russe wieder ein Russe werden und ihm, dem Zaren, nichts als der Nachruhm bleiben wird ... Da ihm folglich dieses alles sehr empfindlich zu Gemüte gehen muß ... wie darf man sich dann verwundern, daß dieser Herr auf harte Mittel bedacht ist, die zwar in der Welt einen Schein der Ungerechtigkeit vor sich tragen und dem Ansehen nach wider das Recht der Nation laufen, die jeden jedoch, der noch bei gesunder Beurteilung der Sachen ist, schon eine zulängliche Verteidigung werden finden lassen. [Verschlüsselter Zusatz]: ... Es wird in diesem Reich alles mal ein Ende mit Schrekken nehmen, weil die Seufzer so vieler Millionen Seelen wider den Zar zum Himmel steigen, und dem glimmenden Funken der in allen Menschen verborgenen Wut nichts als ein Wind und ein Anführer fehlet.

Bericht des hannoverschen Gesandten in St. Petersburg, Februar 1718

Voltaire

Zar Peter war ein Barbar, aber immerhin ein Barbar, der Menschen geschaffen, Städte gegründet, die Meere durch Kanäle verbunden hat. Er hatte große Fehler, aber wurden sie nicht wettgemacht durch die Vielzahl von Plänen, die er für die Größe seines Landes entwarf und von denen er manche verwirklichte? Hat er nicht die Zahl der Mönche vermindert? ...

Brief an Kronprinz Friedrich von Preußen, um 1737

Wäre Peter der Große weniger grausam und Karl XII. weniger starrsinnig gewesen, so hätte dies mehr zum Glück der Menschen beigetragen. Ich ziehe diesen beiden unbedingt einen Fürsten vor, der die Menschlichkeit als die erste der Tugenden ansieht, der sich nur durch Zwang zu einem Krieg herbeiläßt, der den Frieden liebt, weil er die Menschen liebt ...

Brief an den russischen Marschall Johann Matthias von der Schulenburg, 15. September 1740

Jean-Jacques Rousseau

Es gibt für die Nationen wie für die Menschen eine Zeit der Jugend oder, wenn man will, der Reife, die manabwarten muß, ehe man sie den Gesetzen unterwirft. Aber die Reife eines Volkes ist nicht immer leicht zu erkennen. Kommt man ihr zuvor, ist das Werk verfehlt ... Peter war ein Genie der Nachahmung, aber er war kein wahres schöpferisches Genie, das alles aus dem Nichts erschafft. Manches war gut, was er tat, das meiste aber verfehlt. Er hatte gesehen, daß sein Volk aus Barbaren bestand. Er hat aber nicht gesehen, daß es für höhere Zucht noch nicht reif war. Er wollte es zivilisieren, als es noch der Vorbereitung bedurfte. Er wollte Deutsche und Engländer aus ihnen machen, als es not tat, Russen aus ihnen zu machen. Er hat seine Untertanen gehindert, jemals das zu werden, was sie hätten sein können, indem er ihnen einredete, daß sie das wären, was sie nicht sind.

«Vom Gesellschaftsvertrag», 1762

Karl Marx
Von Anfang an brach Peter der Große mit sämtlichen Traditionen der slawischen Rasse. «Rußland braucht Wasser», diese Worte der Rüge an den Fürsten Cantemir, sind auf der Titelseite seines Lebens eingraviert ... Für ein System örtlich begrenzter Ausdehnung hatte Land genügt, für ein System weltweiter Aggression war Wasser unerläßlich geworden ... Man hat behauptet, daß es keine große Nation gegeben habe, und auch nicht hätte geben können, die sich in einer Binnenlandlage befand, wie das ursprüngliche Reich Peters des Großen, daß es keine solche Nation je geduldet hätte, ihrer Küsten und Flußmündungen derartig beraubt zu werden ... Hierbei wird jedoch eine bedeutende Tatsache übergangen: der Gewaltakt, mit dem er die Hauptstadt seines Reiches vom Herzen des Landes an die äußerste Küstengrenze verlegte ... und so seinem Reiche bewußt ein exzentrisches Zentrum gab ... Von Anbeginn stellte St. Petersburg für die Europäer eine Herausforderung und für die Russen einen Ansporn zu weiteren Eroberungen dar.

«Enthüllungen zur Geschichte der Diplomatie im 18. Jahrhundert», 1856

Josef Stalin
Peter hat sehr viel dazu beigetragen, den Nationalstaat der Gutsherren und Kaufleute aus der Taufe zu heben, ihn zu festigen. Das heißt aber, dieser Vorgang, die Aufwertung der Gutsbesitzerklasse, die Förderung einer neuen, entstehenden Klasse, die der Kaufleute, und die Stärkung des Staates dieser Klassen, das alles ging zu Lasten der leibeigenen Bauern. Ihnen zog man das Fell dreimal über die Ohren.

Gespräch mit Emil Ludwig, 13. Dezember 1931

Adolf Stender-Petersen
Das wichtigste Ziel Peters des Großen war aber die Verwandlung Rußlands in einen blühenden Handels- und Industriestaat nach westeuropäischem Vorbild. Seine innere Politik stand in der Hauptsache im Zeichen des aus Westeuropa übernommenen Merkantilismus. Er hatte in Westeuropa mit eigenen Augen gesehen, wie sich moderne Nationalstaaten unter der absoluten Gewalt des Herrschers aus den Trümmern der Feudalgesellschaft erhoben ... Trotz der gewaltigen persönlichen Arbeit, die Peter bei der Umorganisierung seines Landes leistete, war es ihm nicht beschieden, selbst jenes bürgerliche, merkantile und industrielle Para-

Von Geld ist die Rede, von wem noch?

«Ich heiße der reichste Mann …

... in der getauften Welt», läßt ein Dichter unseren Mann sagen. Das stimmt aber nur teilweise: Das Land, in dem er lebte, war überaus arm, paradoxerweise aber gleichzeitig die mächtigste europäische Nation. Und obwohl später Gold- und Silberminen in Übersee erobert wurden, erlebte er dreimal einen Staatsbankrott.

Eine Greuelpropaganda seiner Zeit legte ihm folgende Untaten zur Last: einen Mordversuch, drei Morde, eine Inzestehe, eine Doppelehe und ein Ehebruchverhältnis. Fast wäre dieser Mann deutscher Kaiser geworden, von Geburt stand es ihm zu.

Er war aber auch ein Freund der Künste und ein leidenschaftlicher Büchersammler. Seine Gesandten schwärmten in ganz Europa aus, um alles aufzukaufen, was gut und teuer war. Sein Emissionär in Antwerpen, der über 6000 flandrische Goldgulden verfügen konnte, schnappte einmal der englischen Königin vierzig griechische Handschriften vor der Nase weg. Das wird unseren Mann besonders gefreut haben, denn die britische Majestät war seine Erzfeindin.

Tragische Berühmtheit hat der Mann durch den spektakulären Verlust seiner Flotte erlangt. Der Konflikt mit seinem Sohn ist auch heute noch fester Bestandteil der Spielpläne unserer Sprechbühnen und Musiktheater. Von wem war die Rede?

(Alphabetische Lösung: 16-8-9-12-9-16-16 4-5-18 26-23-5-9-20-5)

Pfandbrief und Kommunalobligation

Meistgekaufte deutsche Wertpapiere - hoher Zinsertrag - schon ab 100 DM bei allen Banken und Sparkassen

Verbriefte Sicherheit

dies zu erleben, von dem er geträumt hatte. Er hatte weder genug Zeit noch genug begeisterte Mitarbeiter ... Dennoch gelang es Peter I., die rohe Grundlage eines neuen Staates zu schaffen – eines Staates, der nicht nur auf dem Adel gründete, sondern sich in hohem Grade auch auf die bürgerliche Mittelklasse und die immer standesbewußter werdende Beamtenklasse stützte. Das politische Spiel zwischen Hocharistokratie, Landadel und Beamtenklasse mit dem beständigen Machtwechsel von Gruppe zu Gruppe und den jeweiligen Palastrevolutionen sollte den nachpetrinischen Regierungen ihr besonderes Gepräge geben.

«Geschichte der russischen Literatur», 1957

Bibliographie

Die Literatur über Peter den Großen hat fast unübersehbare Ausmaße angenommen; im Rahmen dieser Bibliographie kann deshalb nur eine Auswahl der wichtigsten Quellen getroffen werden.

1. Äußerungen Peters I.

Pisma i bumagi Imperatora Petra Welikowo (*Briefe und Dokumente* des Imperators Peters des Großen), St. Petersburg 1887. Eine Edition unter diesem Titel ist seit 1887 in St. Petersburg/Petrograd/Leningrad und in Moskau erschienen. Bei Drucklegung dieses Buches lagen zwölf Bände vor, die das Jahr 1712 einschlossen. (In russischer Sprache.)

Zuvor schon war die *Korrespondenz* Peters I. *mit Katharina* 1861 in Moskau veröffentlicht worden. Sie ist in den *Briefen und Dokumenten* enthalten.

Ein *Tagebuch* Peters des Großen *vom Jahre 1698 bis zum Frieden von Nystad* erschien 1770 auf Veranlassung Katharinas II. in St. Petersburg. (Eine zweibändige französische Ausgabe folgte 1773.) Es ist nicht eigentlich ein Werk des Zaren, sondern wurde von ihm in Auftrag gegeben und nur zum Teil eigenhändig überarbeitet. Das *Tagebuch* behandelt fast ausschließlich militärische Tatbestände.

Pjotr Welikij, *Sbornik statjej* (Peter der Große, *Artikelsammlung*). Redaktion A. I. Andrejew. Moskau/Leningrad 1947 (russ.)

2. Allgemeine russische Geschichte und Geistesgeschichte

Berdjajew, Nikolaj A.: The russian idea. London 1947

Eckardt, Hans von: Rußland. Leipzig 1930

Forstreuter, Kurt: Preußen und Rußland von den Anfängen des Deutschen Ordens bis zu Peter dem Großen. Göttingen 1955

Gitermann, Valentin: Geschichte Rußlands. 3 Bde. Hamburg 1949

Hoetzsch, Otto: Grundzüge der Geschichte Rußlands. Stuttgart 1949

Istorija SSSR (Geschichte der UdSSR). Redaktion A. M. Pankratowa, 3 Bde. Moskau 1950 (russ.)

Kljutschewskij, Wassilij O.: Geschichte Rußlands. 4 Bde. Stuttgart 1925–1926

Miljukow, Paul: Glawnyje tetschenija russkoj istoritscheskoj mysli (Hauptströ-

mungen des russischen historischen Denkens). Moskau 1898 (russ.)
OLEARIUS, ADAM: Beschreibung der Muscowitischen und Persischen Reyse, 1656
PIPES, RICHARD: Rußland vor der Revolution. Staat und Gesellschaft im Zarenreich. München 1977
POKROWSKIJ, MICHAIL N.: Geschichte Rußlands. Leipzig 1929
PUSCHKARSKIJ, N. JU.: Otscherki po Russkoj Istorii (Skizzen zur Russischen Geschichte), 3 Bde. Kempten 1948–1949 (russ.)
RAUCH, GEORG VON: Geschichte der baltischen Staaten. Stuttgart 1970
Zarenreich und Sowjetstaat im Spiegel der Geschichte. Göttingen 1980
SOLOWJOW, SERGEJ M.: Istorija Rossii s drewnejschich wremjon (Geschichte Rußlands seit den ältesten Zeiten). 18 Bde. Moskau/St. Petersburg 1885–1901 – Neuauflage Moskau 1960–1966 (russ.)
STÄHLIN, KARL: Geschichte Rußlands. 4 Bde. Stuttgart 1923–1930
STENDER-PETERSEN, ADOLF: Geschichte der russischen Literatur, 2 Bde. München 1957
STEPUN, FEDOR: Vergangenes und Unvergängliches. 3 Bde. München 1947–1950
STÖKL, GÜNTER: Russische Geschichte von den Anfängen bis zur Gegenwart. Stuttgart 1962
VERNADSKY, GEORGE: A History of Russia. New Haven 1951

3. Peter I. und seine Zeit

ANDERSON, M. S.: Peter the Great. London 1978
BOGOSLOWSKIJ, MICHAIL M.: Peter I. Materialy dlja biografii (Peter I. biographische Unterlagen). 5 Bde. Moskau 1940–1948 (russ.)
BRÜCKNER, ALEXANDER: Peter der Große. Berlin 1878
GOLIKOWA N. B.: Polititscheskije Prozessy pri Petre I. (Politische Prozesse unter Peter I.). Moskau 1957 (russ.)
GRAHAM, STEPHEN: Peter the Great. New York 1929
Große Sowjetenzyklopädie, 3. Ausgabe. Moskau 1975 (russ.)
GRÜNWALD, CONSTANTIN DE: La Russie de Pierre le Grand. Paris 1933
HAINTZ, O.: König Karl XII. von Schweden. Berlin 1958
KAFENGAUS, B. B.: Rossija pri Petre Perwom (Rußland unter Peter I.). Moskau 1955 (russ.)
KORB, JOHANN GEORG: Tagebuch der Reise nach Rußland. Graz 1968
MARX, KARL: Enthüllungen zur Geschichte der Diplomatie im 18. Jahrhundert. Frankfurt a. M. 1980
MASSIE, ROBERT K.: Peter der Große. Sein Leben und seine Zeit. Königstein/Ts. 1982
OUDARD, GEORGES: La vie de Pierre le Grand. Paris 1929
PLATONOW, SERGEJ F.: Pjotr Welikij. Litschnostj i dejatelnostj (Peter der Große. Persönlichkeit und Wirken). Paris 1927 (russ.)
SCHUYLER, EUGENE: Peter the Great. 2 Bde. New York 1884
SCHIRREN C.: Zur Geschichte des Nordischen Krieges. Kiel 1913
SPIRIDONOWA, E. B.: Ekonomitscheskaja politika i ekonomitscheskije wsgljady Petra I. (Wirtschaftspolitik und wirtschaftliche Ansichten Peters I.) Moskau 1952 (russ.)

STÄHLIN, JACOB VON: Originalanekdoten von Peter dem Großen (Text nach der Erstausgabe von 1785). München 1968
SUMNER, BENEDICT HUMPHREY: Peter the Great and the Emergence of Russia. New York 1965
Peter the Great and the Ottoman Empire. Hamden/Conn. 1965
TARLE, E. W.: Russkij flot i wnjeschnjaja politika Petra I. (Die russische Flotte und die Außenpolitik Peters I.). Moskau 1949 (russ.)
Sewernaja wojna i schwedskoje naschestwije na Rossiju (Der Nordische Krieg und der schwedische Einfall nach Rußland). Moskau 1958 (russ.)
USTRJALOW, NIKOLAJ: Istorija zarstwowanija Petra Welikowo (Geschichte der Herrschaft Peters des Großen). 6 Bde. St. Petersburg 1858–1863 (russ.)
VALLOTTON, HENRY: Peter der Große. München 1978
VOLTAIRE: Histoire de l'Empire de Russie sous Pierre le Grand. Paris 1885
WALISZEWSKI, KASIMIERZ: Pierre le Grand. Paris 1887
WITTRAM, REINHARD: Peter I. Czar und Kaiser. Zur Geschichte Peters des Großen in seiner Zeit. 2 Bde. Göttingen 1964

4. Belletristik, Bühne, Film

Gestalt und Wirken Peters I. nimmt in der russischen unterhaltenden Literatur, im kulturellen Leben, vor allem in der Volkskunst, einen wichtigen Platz ein. In Liedern, Anekdoten und Legenden wurden die Zugänglichkeit des Zaren, seine Einfachheit im Umgang und in der Lebensführung, Peters Freude an physischer Arbeit, die körperlichen Kräfte des Kaisers und seine hochwüchsige, eindrucksvolle Erscheinung gewürdigt. Die Unzufriedenheit des Volkes und seine Klagen über das Joch der Leibeigenschaft, die Zwangsrekrutierungen zu Wehrdienst und Fronarbeit, über die Grausamkeit, mit der die Reformen durchgesetzt wurden, traten dagegen in der Erinnerung an den großen Zaren allmählich zurück. Die Leiden und Opfer der Feldzüge und Schlachten wurden verdrängt und verklärt.

Schon Michail Lomonossow (1711–65), Gelehrter und Poet, rühmte den Zaren, weil er zum Wohl seiner Untertanen «dienend geherrscht» und, nach der Vernunft und dem Nützlichkeitsprinzip, einen wohlgeordneten Staat eingerichtet habe. Alexander Puschkin (1799–1837) pries Peter, den Soldaten und Reformer. In seinem Poem «Poltawa» stellte der Dichter dem positiven Helden (Peter) eine negative Figur (Masepa) gegenüber. Der Egoist, der seinen persönlichen Vorteil sucht, verliert das Spiel; der Zar, Verkörperung der gesamtstaatlichen Interessen, behält die Oberhand. Im «Ehernen Reiter» vertiefte Puschkin dieses Axiom: Peters Reformen, so lautet der Grundgedanke dieses Poems, die für das allgemeine Wohl unerläßlich sind, rechtfertigen die Opfer, die das Individuum dem Staat bringen muß. In dem Roman «Der Mohr Peters des Großen» schließlich beschrieb Puschkin den Zaren als Menschen und als Staatsmann und schuf ein Gemälde russischen Lebens in der petrinischen Epoche.

Im sowjetischen Rußland wird Alexej Tolstoj (1883–1945) für seinen Roman «Peter I.» geehrt. Das zweibändige Werk entstand 1930 bis 1934. Als großer Politiker und Reformer, als markante und eigenwillige Persönlichkeit nimmt Peter seither seinen Platz in der sowjetrussischen Geschichtsschreibung ein: Die Geschichte selbst habe das Wirken Peters des Großen gerechtfertigt, denn durch seine Reformen sei den produktiven Kräften Rußlands der Weg freigemacht worden.

Über das Bild Peters des Großen in der russischen Literatur informieren:

Brinkmann, Horst: Peter I. in der russischen Literatur. Inaugural-Dissertation. Gießen 1963

Gasiorowska, Xenia: The Image of Peter the Great in Russian Fiction. Madison, University of Wisconsin Press, 1979

Im Westen war Peter der Große schon am Ende des 18. und zu Beginn des 19. Jahrhunderts eine beliebte Schauspiel- und Opernfigur. Vor allem sein erster Aufenthalt in Holland hat die Phantasie der Librettisten und Komponisten angeregt. André Grétry und Gaëtano Donizetti hatten sich dieses Stoffes bereits angenommen, ehe Albert Lortzings Komische Oper «Zar und Zimmermann» 1837 in Leipzig uraufgeführt wurde.

Das russische Musiktheater hat sich noch Mitte der siebziger Jahre unseres Jahrhunderts mit Peter dem Großen beschäftigt. Andrej P. Petrows «Peter I.», ein Aufguß aller Elemente der russischen National- und Volksoper, wurde auch im westlichen Ausland zu Gehör gebracht.

Sowjetische Drehbuchautoren ließen sich von Alexej Tolstojs Roman «Peter I.» inspirieren. Nach dieser Vorlage entstand 1937 bis 1939 der Spielfilm «Peter der Große» unter der Regie von Wladimir Petrow. Sergej Gerasimow hat den Stoff aufgegliedert. Er drehte 1981 «Peters Jugend», nach dem ersten Teil von Tolstojs Roman. Produziert wurde der Streifen im Zentralen Kinostudio für Kinder- und Jugendfilme.

Namenregister

Die kursiv gesetzten Zahlen bezeichnen die Abbildungen

Über den Autor

Reinhold Neumann-Hoditz (Jahrgang 1926) studierte osteuropäische Sprachen und Slawistik in Heidelberg und Hamburg. Er arbeitete zwölf Jahre als außenpolitischer Redakteur, unternahm als Berichterstatter weltweite Reisen und war als Rundfunk-Korrespondent in Moskau tätig. Neumann-Hoditz lebt als freier Publizist in Hamburg.

1966 veröffentlichte der Verfasser seinen Bericht aus Asien, das Buch «Chinas heimliche Fronten». Für «rowohlts monographien» schrieb er die Bände «Ho Tschi Minh» (1971), «Solschenizyn» (1974) und «Chruschtschow» (1980).

Quellennachweis der Abbildungen

Aus: Robert K. Massie, Peter the Great, New York 1980: 6, 24, 77, 82/83, 84, 85
Aus: Merian, «Moskau»: 11, 51
Aus: Reinhard Wittram, Peter I., Göttingen 1964: 12
Victoria and Albert Museum, London: 14/15
APN: 13, 32, 36, 60
Bildarchiv Preußischer Kulturbesitz, Berlin: 18, 19, 25, 30, 46, 58/59, 69, 81
Archiv Neumann-Hoditz: 21, 27, 33, 34, 40, 41, 49, 50, 62, 64, 70, 72, 92, 121
Rowohlt-Archiv: 22, 37, 42, 73, 75, 78, 87, 97, 99, 101, 110, 119
National Portrait Gallery, London: 52
Tretjakow-Galerie, Moskau: 61
Aus: Valentin Gitermann, Geschichte Rußlands, Hamburg 1949: 63, 100, 124/125
Mansell Collection: 90/91
Kunstmuseum Jaroslawlj: 106
Eremitage, Leningrad: 107, 126
Russisches Museum, Leningrad: 111, 129
Bibliothèque Nationale, Paris: 123
Olearius: 10, 11

rowohlts bildmonographien

Thema Geschichte, Naturwissenschaft

bildmonographien rororo

C 2053/5

Geschichte

Gösta v. Uexküll
Konrad Adenauer (234)

Gerhard Wirth
Alexander der Große (203)

Bernd Rill
Kemal Atatürk (346)

Marion Giebel
Augustus (327)

Justus Franz Wittkop
Michail A. Bakunin (218)

Wilhelm Mommsen
Otto von Bismarck (122)

Hans Oppermann
Julius Caesar (135)

Reinhold Neumann-Hoditz
Nikita S. Chruschtschow (289)

Sebastian Haffner
Winston Churchill (129)

Reinhold Neumann-Hoditz
Dschingis Khan (345)

Herbert Nette
Elisabeth I. (311)

Georg Holmsten
Friedrich II. (159)

Herbert Nette
Friedrich II. von Hohenstaufen (222)

Elmar May
Che Guevara (207)

Helmut Presser
Johannes Gutenberg (134)

Harald Steffahn
Adolf Hitler (316)

Reinhold Neumann-Hoditz
Ho Tschi Minh (182)

Peter Berglar
Wilhelm von Humboldt (161)

Herbert Nette
Jeanne d'Arc (253)

Wolfgang Braunfels
Karl der Große (187)

Herbert Nette
Karl V. (280)

Gösta v. Uexküll
Ferdinand Lassalle (212)

Hermann Weber
Lenin (168)

Helmut Hirsch
Rosa Luxemburg (158)

Edmond Barincou
Niccolò Machiavelli (17)

Tilemann Grimm
Mao Tse-tung (141)

Peter Berglar
Maria Theresia (286)

Friedrich Hartau
Clemens Fürst von Metternich (250)

Hans Peter Heinrich
Thomas Morus (331)

Giovanni de Luna
Benito Mussolini (270)

André Maurois
Napoleon (112)

Geschichte griffbereit

Grundkurs und Nachschlagewerk für Studenten, Praktiker, Geschichtsinteressierte zum Verstehen und Behalten welthistorischer Prozesse.
Von Imanuel Geiss.

---

1 Daten
der Weltgeschichte
Die chronologische Dimension der Geschichte
(6235)

2 Personen
der Weltgeschichte
Die biographische Dimension der Geschichte
(6236)

3 Schauplätze
Die geographische Dimension der Weltgeschichte
(6237)

4 Begriffe
Die sachsystematische Dimension der Weltgeschichte
(6238)

5 Staaten
Die nationale Dimension der Weltgeschichte
(6239)

6 Epochen
der Weltgeschichte
Die universale Dimension der Geschichte
(6240)

---

handbuch rororo

957/1